DAS KREUZFAHRT
KOCHBUCH

CALLWEY

or,
tenegro
Istanbul,
Türkei
Heraklion,
Kreta, Griechenland
Tel Aviv,
Israel
Petra,
Jordanien
ezkanal,
ypten

Mittlerer
Osten

Naher
Osten

Dubai,
Vereinigte Arabische Emirate

Muscat,
Oman

Mumbai,
Indien

Asien

Shanghai,
China

Manila,
Philippinen

Colombo,
Sri Lanka

Nha Trang,
Vietnam

Malakka,
Malaysia

Sabang,
Indonesien

Singapur

Padang-Bai,
Bali

Australien
& Neuseeland

Sidney

Auckland

STEPHAN REBELEIN

DAS KREUZFAHRT
KOCHBUCH

REZEPTE VON FRIEDRICH PICHLER

REZEPTFOTOGRAFIE VON
JOERG LEHMANN

CALLWEY

Inhalt

Vorwort

Mit den Dreharbeiten in Amsterdam begann für uns im Jahr 2009 das große Abenteuer »Verrückt nach Meer«. Für DAS ERSTE produzierten wir zunächst 20 Folgen einer neuen Doku-Serie, die Geschichten rund um eine Kreuzfahrt erzählt. Damals ahnte niemand, dass dieses Projekt ein Zuschauermagnet und nicht nur uns Macher so viele Jahre begleiten wird.

ERFOLG IN SERIE MACHT APPETIT NACH MEER

Schon die erste Staffel wurde ein Erfolg. Die Zuschauer mochten den Mix aus Geschichten über das Arbeiten der Crew und die Urlaubserlebnisse der Passagiere. Vor allem der Blick hinter die Kulissen eines schwimmenden Hotels sorgte für Begeisterung. Mittlerweile sind in sieben Staffeln über 250 Folgen entstanden, in denen wir (mit den Zuschauern) mehrmals über die sieben Weltmeere gefahren sind und viele Länder und Hunderte Häfen auf fünf Kontinenten besucht haben. Dabei spielte das Thema Küche von Beginn an eine große Rolle. Allein an Bord gibt es in der Regel bis zu acht Mahlzeiten am Tag. Die Schiffsküchen geben ihr Bestes, um die Passagiere jeden Tag aufs Neue mit kulinarischen Schmankerln zu verwöhnen. Und – egal wie exotisch – auch die lokale Küche der Reiseziele wird an Bord immer wieder ins Menü integriert. So wurde die Schiffsküche fast automatisch zu einem wichtigen – und bei den Kamera-Teams äußerst beliebten – Drehort: Hier ist immer was los, hier werkeln an verschiedenen Stationen oft mehr als 90 Köche und Hilfskräfte; und das nicht selten in einem 24-Stunden-Betrieb, weil: Auf einem Kreuzfahrtschiff ist nach dem Essen immer gleich vor dem Essen …

UNTERWEGS IN DEN KÜCHEN DER WELT

Unzählige Male haben wir bei »Verrückt nach Meer« lokale Märkte besucht. Kaum ein Hafen, in dem wir nicht mit Küchen-Chefs wie Fritz Pichler nach originellen einheimischen Gerichten, Gewürzen oder Lebensmitteln gefahndet haben. Sie probierten sich durch die exotischen Küchen oder kauften auf Fisch- oder Gemüsemärkten heimische Produkte, mit denen sie an Bord die Gaumen ihrer Gäste mit einem Hauch landestypischer Küche überraschten. Und immer waren wir mit der Kamera dabei, sodass keiner dieser Küchen- und Kochschätze verloren ging!

Aus solchen kulinarischen Erinnerungen entstand die Idee für dieses ganz besondere Kochbuch. Es ist uns allen ein Herzensprojekt, weil wir und die Kreuzfahrer auf den Reisen so viele spannende und völlig neue Gerichte kennenlernen durften. Die Geschichten, die sich um die Rezepte ranken, erinnern an die schönsten und interessantesten Momente aus den vergangenen sieben Staffeln und sind hier zu einer kompletten Reise um die Welt zusammengestellt. Dabei lernen Sie einige Kapitäne und mehr als nur eine Crew kennen, die uns im Lauf der Zeit viele Einblicke in die Welt an Bord und oft genug auch in ihr privates Leben gegeben haben. Viele dieser Erfahrungen möchten wir mit Ihnen teilen. Daher nehmen wir Sie mit diesem Buch mit auf eine kulinarische Kreuzfahrt in der Bugwelle von »Verrückt nach Meer«.

REZEPTIDEEN FÜR DIE KÜCHEN-KAPITÄNE ZU HAUSE

Bei Küchen-Chef Fritz Pichler haben wir landestypische Rezepte aus den Häfen der ganzen Welt gesammelt. Herausgekommen ist eine bunte Sammlung unterschiedlichster Rezepte: von »wild exotisch« bis »ursprünglich regional«. Angefangen bei besonderen Vorspeisen aus den fünf Kontinenten über komplette Menüs fürs Gala-Dinner bis hin zu kleinen Leckerbissen für den Late Night Snack – natürlich ist auch der hochgelobte Apfelstrudel unserer Patisserie-Chefin an Bord, Roberta Rogošić, mit dabei.

Schiffen Sie sich ein, kommen Sie mit uns auf diese kulinarische Kreuzfahrt, die so bunt und vielfältig ist wie die Welt von »Verrückt nach Meer«.

Leinen los und bon appétit
wünscht Ihnen Ihr »Verrückt nach Meer«-Team

MS Albatros im Geirangerfjord
in Norwegen

Geiranger

Bremerhaven

Amsterdam

La Coruna

Europa

AN BORD
WELCOME DINNER

Der erste Tag einer Kreuzfahrt stellt für die Besatzung immer eine besondere Herausforderung dar. Vormittags verlassen erst einmal Hunderte Passagiere der vorangegangenen Reise das Schiff, bevor nur wenige Stunden später schon die neuen Gäste an Bord kommen. In der Zwischenzeit werden alle Kabinen gereinigt und das gesamte Schiff wird blitzblank auf Vordermann gebracht. Alles läuft wie am Schnürchen, damit die »Neuen« sich vom ersten Moment an in ihrem schwimmenden Hotel zu Hause fühlen.

Auch wir als Fernsehcrew müssen an diesem Tag eine Doppelschicht einlegen. Kommen wir morgens mit unserem etwa 15-köpfigen Team an Bord, legen unsere Kamerateams sofort mit den Dreharbeiten los. Das beginnt mit der Ankunft der neuen Praktikanten, die mit großen Erwartungen zum ersten Mal ein Kreuzfahrtschiff betreten. Parallel drehen wir das Eintreffen der Passagiere, die sich an Bord erst orientieren müssen. Zeitgleich begleiten wir das Verladen von Hunderten Tonnen frischer Lebensmittel und auf der Brücke die nautischen Vorbereitungen für die Abfahrt.

Doch bevor es losgeht, findet noch die Sicherheitsübung statt. Bei aller Ernsthaftigkeit ist das für viele Gäste ein großer Spaß, wenn sie wie Pinguine mit ihren roten Schwimmwesten zu den Rettungsbooten geführt werden. Ist die Übung beendet, werden endlich die Leinen gelöst, und das Kreuzfahrtschiff verlässt (mit dreimaligem Hupen des Schiffhorns) den Anleger von Bremerhaven. Bis dahin haben wir mit unseren Kameras schon über zwölf Stunden Material gesammelt, die später im Schneideraum auf die besten 50 Minuten eingekürzt werden.

Der nächste Tag ist meistens ein Seetag, an dem die Passagiere sich in Ruhe mit ihrem Schiff vertraut machen. Höhepunkt ist ab dem frühen Abend der Begrüßungscocktail, bei dem sich Kapitän und Kreuzfahrtdirektor mit ihrem Team den neuen Gästen vorstellen. Im Anschluss verwöhnt der Küchen-Chef die Passagiere mit einem mehrgängigen »Welcome Dinner«, dessen Zubereitung wir mit der Kamera den ganzen Tag über begleiten, bis die Kellner schließlich Gang für Gang in den Restaurants servieren.

Getrüffeltes Kalbstatar

FÜR 4 PERSONEN

600 g Kalbsfilet
2 Schalotten
3 Gewürzgurken aus dem Glas
2 EL englischer Senf
2 EL Ketchup
1 EL Worcestersauce
20 ml Weinbrand
40 ml Bierschaum
1 EL Petersilie,
½ TL edelsüßes Paprikapulver
Salz / schwarzer Pfeffer
1 rote Zwiebel
1 TL Trüffelöl
Schwarzbrot / Butter

1 Kalbsfilet trocken tupfen und Schalotten schälen, beides fein hacken, die Gewürzgurken fein schneiden und alles zusammenmischen. Petersilie abbrausen, trocken schütteln und hacken. Senf, Ketchup, Worcestersauce, Weinbrand, Bierschaum, Petersilie und Paprikapulver dazugeben und vorsichtig unter die Hackmasse mischen. Mit Salz und frisch gemahlenem schwarzem Pfeffer würzen.

2 Rote Zwiebel schälen und in hauchdünne Ringe schneiden. Aus der Fleischmasse Frikadellen formen, mit dem Trüffelöl bestreichen und mit den Zwiebelringen garnieren. Mit ein paar Scheiben Schwarzbrot und etwas Butter auf einem Brotteller servieren.

Steinpilzsuppe

mit Rosmarinschaum und Serrano-Knusperkeks

~~~

FÜR 4 PERSONEN

20 g getrocknete Steinpilze
500 ml Gemüsebrühe
2 Schalotten
40 g Butterflocken
4 EL Mehl
100 ml trockener Weißwein
150 g Sahne
Meersalz
schwarzer Pfeffer
100 g Blätterteig (Kühlregal)
6 Scheiben dünn geschnittener
Serranoschinken
1 Ei
1 kleiner Rosmarinzweig
50 ml Milch

1 Die getrockneten Steinpilze in heißem Gemüsefond für 1 Std. einweichen. Sind die Steinpilze weich, durch ein feines Sieb abgießen und dabei die Einweichbrühe auffangen.

2 Die Schalotten schälen, klein hacken und mit der Hälfte der Butterflocken andünsten. Mit Mehl bestäuben und kurz anschwitzen. Den Wein, das Einweichwasser und die Pilze dazugeben und 15 Min. köcheln lassen. Die Sahne dazugeben und alles zusammen aufmixen. Mit Meersalz und frisch gemahlenem schwarzem Pfeffer nach Belieben abschmecken. Vor dem Servieren mit den restlichen Butterflocken nochmals aufmixen.

3 Für die Knusperkekse die Blätterteigplatte mit dem Serranoschinken belegen und einrollen. Die Rolle ca. 30 Min. kalt stellen und dann in 0,5 cm dicke Scheiben schneiden. Die Scheiben mit dem verquirlten Ei bestreichen und auf ein Backblech mit Backpapier legen. Im vorgeheizten Backofen bei 200 °C goldbraun backen.

4 Für den Rosmarinschaum den Rosmarinzweig abbrausen und trocken schütteln. Den Zweig in die Milch geben, kurz aufkochen und einige Min. ziehen lassen. Rosmarin aus der Milch nehmen, die Milch aufschäumen und vorsichtig auf die Suppe geben.

Beef Wellington

Rinderfilet im Blätterteig mit Rotwein-Whisky-Sauce und Brokkoli

FÜR 4 PERSONEN

350 g Champignons
1 Zwiebel
2 EL Butter
3 EL Crème fraîche
1 TL englischer Senf
2 EL Portwein
Salz
Pfeffer

800 g Rinderfilet
Meersalz
schwarzer Pfeffer
4 EL Pflanzenöl
300 g Blätterteig
2 Eier

3 EL Butter
1 EL Zucker
2 Schalotten
1 Tomatenmark
500 ml Rotwein
1 Thymianzweig
1 Rosmarinzweig
150 g Sahne
60 g Butterflocken
10 cl Whisky
Salz
schwarzer Pfeffer

1 kg Brokkoli
Salz
30 g Butter
Muskatnuss, gerieben
weißer Pfeffer

1. Champignons putzen und abreiben. Zwiebel schälen, dann beides fein würfeln. Butter in einer Pfanne erhitzen und die Champignon- und Zwiebelwürfel darin dünsten, bis die Flüssigkeit verdampft ist. Die Masse aus der Pfanne nehmen und auskühlen lassen. Crème fraîche, Senf und Portwein unter die Masse rühren und mit Salz und frisch gemahlenem Pfeffer würzen.

2. Rinderfilet trocken tupfen, kräftig mit Meersalz und grob gemahlenem schwarzem Pfeffer würzen. In Pflanzenöl rundherum scharf anbraten und anschließend auskühlen lassen.

3. Den Blätterteig ausbreiten und das Rinderfilet darauflegen. Die Pilzcreme auf das Rinderfilet streichen und alles in den Blätterteig einschlagen. Den Blätterteig gut mit den verquirlten Eiern bestreichen. Auf der Oberseite mit einer Gabel einstechen, damit der heiße Dampf entweichen kann.

4. Das Filet auf ein mit Backpapier ausgelegtes Blech geben und im vorgeheizten Backofen bei 200 °C (Umluft) 20 Min. backen. Ofen ausschalten, öffnen, Fleisch ca. 15 Min. ruhen lassen.

5. Für die Rotweinsauce die Butter in einem kleinen Topf erhitzen und den Zucker darin schmelzen. Die Schalotten schälen und klein hacken, mit dem Tomatenmark dazugeben, leicht anrösten und mit Rotwein ablöschen. Thymian- und Rosmarinzweige abbrausen und trocken schütteln, Blättchen bzw. Nadeln abzupfen, dazu geben und alles auf die Hälfte reduzieren. Mit der Sahne auffüllen und nochmals auf die Hälfte reduzieren. Die Sauce vom Herd nehmen und die Butterflocken einrühren. Den Whisky dazu geben und mit Salz und frisch gemahlenem schwarzem Pfeffer würzen und weitere 5 Min. köcheln. Vor dem Servieren durch ein feines Sieb passieren.

6. Brokkoli in kleine Röschen schneiden und gut mit kaltem Wasser waschen. In Salzwasser weich kochen. Die Butter in einer Pfanne schmelzen, den Brokkoli darin kurz schwenken. Mit Salz, frisch gemahlenem weißem Pfeffer und Muskatnuss würzen.

Graulax

Gebeizter Aquavit-Lachs mit Honig-Senf-Sauce

FÜR 4 PERSONEN

800 g Lachsfilet (mit Haut und ohne Gräten)
50 g Salz
70 g Zucker
30 g brauner Zucker
1 Bund Dill
1 TL weiße Pfefferkörner
1 Orange
1 Zitrone
100 ml Aquavit

100 g Sauerrahm
4 EL Sahne
1 EL Honig
1 EL scharfer Senf
1 TL Dill, geschnitten
Salz
Cayennepfeffer

1 Das Lachsfilet kalt abwaschen und mit Küchenpapier trocken tupfen.

2 Das Salz und beide Zuckersorten mischen. Den Dill abbrausen, trocken tupfen und fein schneiden. 1 TL Dill beiseitelegen. Die Pfefferkörner grob zerstoßen und gemeinsam mit der Hauptmenge Dill unter den Zucker mischen.

3 Die Orange und die Zitrone schälen und in dünne Scheiben schneiden. Das Lachsfilet mit der Haut nach unten auf Frischhaltefolie legen. Die Beize gleichmäßig darauf verteilen und mit den Orangen- und Zitronenscheiben belegen. Den Fisch mit dem Aquavit übergießen und in die Frischhaltefolie einschlagen.

4 Den gebeizten Lachs mindestens 12 Std. im Kühlschrank ziehen lassen. Vor dem Servieren das Lachsfilet kalt abwaschen, trocken tupfen, Haut entfernen und in dünne Scheiben schneiden.

5 Für die Honig-Senf-Sauce den Sauerrahm, die Sahne, den Honig, Senf und zurückgelegten Dill verrühren und nach Belieben mit etwas Salz und Cayennepfeffer abschmecken.

Höhepunkt jeder Norwegenreise ist der Geirangerfjord mit seiner märchenhaften Landschaft aus schneebedeckten Bergen und steil herabstürzenden Wasserfällen. Nebel liegt auf dem Wasser, als wir den Fjord am Morgen durchfahren. Auf der Nock steht der norwegische Kapitän Hansen, der sichtlich stolz seinen Passagieren diese spektakuläre Szenerie präsentiert. Der Fjord endet im gleichnamigen Geiranger, das sich malerisch wie ein kleines Puppendorf ins Tal schmiegt. Von hier aus begleiten wir mit drei Kamerateams parallel eine Kanutour, eine Oldtimerfahrt mit dem Kreuzfahrtdirektor und eine Bergwanderung mit Passagieren, während ein viertes Team an Bord eine Sicherheitsübung der Crew dreht und in der Küche die Vorbereitung aufs Abendessen. Aus diesen Geschichten entsteht später eine der abwechslungsreichsten Folgen von »Verrückt nach Meer«, die echte Emotionen und eine Prise Action mit dem intensiven Blick auf die Kultur eines fremden Landes verbindet.

Bitterballen

*Gebackene Fleischbällchen
mit Senfzwiebeln zum Dippen*

FÜR 4 PERSONEN
500 g Kochschinken
3 EL Butter
3 EL Mehl
500 ml Gemüsebrühe
Salz
weißer Pfeffer
Muskatnuss, gerieben
3 Eier

20 g Mehl
2 Eier
100 g Weißbrotbrösel
1 l Pflanzenöl

2 Zwiebeln
1 EL Butter
200 g englischer Senf
2 EL Worcestersauce

1   Den Kochschinken mit der feinen Lochscheibe durch den Fleischwolf lassen.

2   Die Butter in einem Topf erhitzen, das Mehl dazu geben und so lange rühren, bis sich beides verbindet. Die Mehlschwitze mit der Gemüsebrühe ablöschen und 20 Min. köcheln lassen. Den Schinken dazu geben, mit Salz, frisch gemahlenem weißem Pfeffer und Muskatnuss würzen. Die Eier trennen. Die Masse abkühlen lassen und die Eigelbe unterrühren.

3   Die Masse für mindestens 1 Std. kalt stellen. Dies ist wichtig, um sie im Folgenden leichter verarbeiten zu können.

4   Aus der kalten Masse kleine Bällchen formen und diese mit Mehl, den verquirlten Eiern und Weißbrotbröseln panieren. Das Pflanzenöl auf 180 °C erhitzen und die panierten Bällchen darin goldgelb ausbacken.

5   Für die Senfzwiebeln die Zwiebeln schälen und in feine Würfel schneiden. Die Butter in einer Pfanne erhitzen und die Zwiebelwürfel darin leicht braun anschwitzen. Nach dem Auskühlen mit dem Senf und der Worcestersauce abmischen.

Als wir 2013 Amsterdam anlaufen, hat Kapitän Jens Thorn das Kommando über die Grand Lady. Es ist beeindruckend, mit welcher Souveränität er mithilfe von zwei Schleppern das 231 Meter lange Kreuzfahrtschiff wie auf einer Postkarte einmal um die eigene Achse dreht und mit viel Gefühl an die Pier legt. Im Lauf der Jahre hatten wir bei »Verrückt nach Meer« einige Kapitäne vor der Kamera, doch keiner entspricht so sehr dem Klischee eines Kreuzfahrtkapitäns wie Jens Thorn. In Travemünde als Spross einer Seefahrerfamilie groß geworden, ist er von Kopf bis Fuß ein Gentleman alter Schule, aber auch eine Autorität ausstrahlende Persönlichkeit, vor der selbst unsere Kameraleute »strammstehen«. Und wehe, man vergisst den festen Druck seines Handschlags, der selbst gestandene Männer in die Knie zwingen kann!

Tarta de Santiago

Mandeltorte aus Santiago de Compostela

FÜR 4 PERSONEN

1 EL Öl
6 Eier
270 g Zucker
1 Bio-Zitrone
500 g Mandeln, geschält, fein gemahlen
1 Prise Salz
Puderzucker zum Bestreuen

1 Den Backofen auf 150 °C (Ober-/Unterhitze) vorheizen. Eine Springform (26 cm Ø) dünn mit Öl bestreichen. Boden und Rand mit Backpapier auslegen.

2 Eier mit dem Zucker 10 Min. auf höchster Stufe schaumig rühren. Die Zitrone waschen, trocknen, die Schale abreiben. Zitronenschale und 1 Prise Salz zugeben und die Mandeln löffelweise untermischen. Die Masse in die Form füllen, glatt streichen und im vorgeheizten Ofen ca. 1 Std. backen.

3 Die Torte mit einem Holzspießchen anstechen – bleibt keine Masse daran haften, ist die Torte fertig gebacken. Die Torte aus dem Ofen nehmen, in der Form auskühlen lassen. Anschließend mit Puderzucker bestreuen und servieren.

Als wir 2011 im spanischen La Coruña sind, kommt Stephanie Gräfin Bruges-von Pfuel an Bord von MS Albatros. Die adlige Schlossbesitzerin aus Tutzing in Bayern möchte für einige Tage die Kreuzfahrt begleiten. An Bord wird sie einen Vortrag über ihr Engagement für SOS-Kinderdörfer halten und in Agadir ein Kinderheim besuchen. Im Vorfeld haben wir uns natürlich gefragt wie man sie als Adlige korrekt anspricht. Aber die Gräfin entpuppt sich als unkompliziert, kennt keinen Standesdünkel und bittet einfach darum, von uns geduzt zu werden. Auch ansonsten begeistert sie mit Charme und Witz und entspricht so gar nicht dem Bild einer »altbackenen« Vertreterin blauen Bluts. Und so gestaltet sich schon der erste Drehtag mit ihr in der schönen Altstadt von La Coruña für alle Beteiligten als unterhaltsamer Ausflug. Solche positiven Erfahrungen machen wir nicht immer mit Prominenten, die uns bei »Verrückt nach Meer« besuchen. Einige lassen Starallüren heraushängen, andere ihre Launen an uns aus. Aber die Zeit mit Stephanie von Pfuel wird uns in bester Erinnerung bleiben!

Casablanca, Marokko

Tabouleh
Couscous-Salat mit Aubergine und Knoblauch-Joghurt

FÜR 4 PERSONEN

250 g Couscous
250 ml Gemüsebrühe
2 Tomaten
1 Zwiebel
½ Bund Petersilie
¼ Bund Minze
8 EL hochwertiges Olivenöl
1 Zitrone
1 EL orientalische Gewürzmischung
Meersalz / schwarzer Pfeffer

1 Aubergine
Meersalz / schwarzer Pfeffer
je 1 Prise Rosmarin und
Thymian, getrocknet
4 EL Mehl / 4 EL Olivenöl

250 g Joghurt
3 Knoblauchzehen
Chilisalz / weißer Pfeffer

1 Den Couscous mit der heißen Gemüsebrühe übergießen und ca. 15 Min. ziehen lassen.

2 Die Tomaten vierteln, das Kerngehäuse entfernen und das Fruchtfleisch in kleine Stücke schneiden. Die Zwiebeln schälen, die Petersilie und die Minze abbrausen und trocken tupfen, alles fein hacken.

3 Kräuter, Zwiebeln, 4 EL Olivenöl und den frisch gepressten Zitronensaft unter den Couscous mischen. Mit Meersalz, Gewürzmischung und frisch gemahlenem schwarzem Pfeffer würzen. Die Tomaten in 4 EL Olivenöl anbraten, mit Salz und Pfeffer würzen und auf den Couscous geben

4 Die Aubergine waschen, in ca. 1 cm dicke Scheiben schneiden und mit Meersalz, frisch gemahlenem schwarzem Pfeffer, Rosmarin und Thymian auf beiden Seiten würzen. In Mehl geben und auf beiden Seiten in 4 EL Olivenöl goldbraun braten.

5 Knoblauch schälen, durchpressen, unter den Joghurt rühren. Mit Chilisalz und frisch gemahlenem weißem Pfeffer würzen.

Der erste Gedanke, der einem bei Casablanca kommt, ist der Film mit Humphrey Bogart und Ingrid Bergman! Und so war klar, dass wir hier für unsere Dreharbeiten unbedingt »Rick's Café« besuchen würden. Leider gibt es das Original aus dem Film gar nicht, weil alle Aufnahmen damals in einem Studiobau in Hollywood gedreht wurden. Da aber viele Touristen danach suchen, kam vor ein paar Jahren eine Amerikanerin auf die clevere Idee, ein »Rick's Café« im maurischen Stil zu eröffnen. Als wir dieses 2009 mit einer Gruppe rund um Kapitän Hansen besuchen, ist unser Kamerateam doch etwas enttäuscht. Das Interieur wirkt eher aufgesetzt und versprüht nur wenig Charme. Zum Glück ist Sängerin Katrin Wiedmann mit dabei, die spätere Ehefrau von Thomas Gleiß. Spontan singt sie a cappella den berühmten Filmsong »As time goes by«. So weht wenigstens für einen kurzen Moment doch ein Hauch von »Casablanca« durch »Rick's Café« und somit auch durch unsere Folge von »Verrückt nach Meer«.

Im Oktober 2011 steuert MS Albatros den Hafen von Banjul an, und es ist für uns das erste Mal, dass wir für »Verrückt nach Meer« in Schwarzafrika unterwegs sind. Neben Geschichten über die touristischen Sehenswürdigkeiten der Region haben wir auch den Besuch einer örtlichen Grundschule geplant. Dorthin begleiten wir mit einem Kamerateam Kapitän Hansen und Moderatorin Kiona Immels, die schon von der herzlichen Begrüßung durch die Schulkinder ganz angetan sind. Im Klassenzimmer singt Kiona Immels dann mit den Kindern das Volkslied »Bruder Jakob«. Was für ein Spaß! Und Morten Hansen zeigt den Schülern, wie man ein Kreuzfahrtschiff malt. Immerhin haben die wenigsten von ihnen jemals ein solches Schiff gesehen.

Für den Kapitän ist Bildung der Schlüssel für eine bessere Zukunft, und er ist begeistert von der aufgeweckten und doch disziplinierten Atmosphäre, die hier herrscht. Zum Abschied schütteln wir Hunderte Kinderhände und nehmen die Erinnerung an diesen Besuch auch in unseren Herzen mit. Selten zuvor haben wir so viele fröhliche Kinder auf einmal gefilmt.

Yassa

Lamm in scharfer Senf-Zitronen-Chilisauce

~~~~~~~~~~

FÜR 4 PERSONEN
8 Zwiebeln
6 Knoblauchzehen
200 ml Olivenöl
8 EL Zitronensaft
4 EL Weißweinessig
4 Lorbeerblätter
4 EL Dijonsenf
1 EL rote Chilipaste
3 EL Worcestersauce
Meersalz / schwarzer Pfeffer
1 kg Lammschulter, in Würfel geschnitten

150 g Kichererbsen
150 g Karotten
150 g Weißkohl
2 EL Olivenöl
2 Zwiebeln
1 TL Baharat (libanesische Gewürzmischung)
1 l Gemüsebrühe

8 EL Joghurt
2 EL Petersilie

1 Zwiebeln und Knoblauch schälen und fein hacken. Aus Olivenöl, Zwiebeln, Zitronensaft, Weißweinessig, Lorbeerblätter, Knoblauch, Senf, Chilipaste, Worcestersauce, Meersalz und frisch gemahlenem schwarzem Pfeffer eine Marinade herstellen.

2 Das Lammfleisch trocken tupfen, in die Marinade geben und 12 Std. zugedeckt im Kühlschrank ziehen lassen. Das Lammfleisch und die Zwiebeln aus der Marinade nehmen.

3 Die Kichererbsen in kaltes Wasser geben und ca. 12 Std. einweichen. Karotten schälen, Weißkohl waschen, trocken tupfen und beides in ca. 1 cm kleine Würfel schneiden.

4 Das Olivenöl in einem Topf erhitzen, die Zwiebeln schälen, fein hacken und leicht braun anschwitzen. Das gewürfelte Lammfleisch und Baharat dazugeben und leicht anrösten. Die restliche Marinade unterrühren, mit der Gemüsebrühe auffüllen und das Gemüse und die Kichererbsen dazugeben. Anschließend zugedeckt köcheln lassen, bis Lamm und Kichererbsen weich sind.

5 Das Lamm in einer vorgewärmten Schale anrichten, die Petersilie waschen, trocken tupfen und fein hacken, den Joghurt auf der Schale verteilen und mit der Petersilie bestreuen. Dazu passen sehr gut Reis oder Fladenbrot.

Gambas al Chef

Garnelen mit Pimientos, Olivenöl, Knoblauch und Chili

FÜR 4 PERSONEN

20 Garnelen der Größe 6–8
4 Knoblauchzehen
20 Pimientos de Padrón
8 EL Olivenöl
4 kleine Chilischoten
Meersalz
schwarzer Pfeffer
1 Zitrone
50 g Butter
4 EL Petersilie

1 Die Garnelen schälen, am Rücken einschneiden und den Darm entfernen. Mit kaltem Wasser abwaschen und trocken tupfen.

2 Knoblauch schälen. Die Pimientos waschen und trocken tupfen, in einer Pfanne mit Olivenöl scharf anbraten, Garnelen und halbierte Chilischoten dazugeben, Knoblauch durch die Presse drücken und dazugeben und mit Meersalz, grob gemahlenem schwarzem Pfeffer und frisch gepresstem Zitronensaft würzen.

3 Petersilie waschen, trocken tupfen, fein hacken. Die Pfanne vom Herd nehmen, Butter und Petersilie dazugeben und in vorgewärmten tiefen Tellern zusammen mit frischem Weißbrot oder Fladenbrot servieren.

Die Grand Lady legt pünktlich um 6 Uhr morgens in Las Palmas an. Kaum ist das Schiff zum Landgang freigegeben, trifft Küchen-Chef Christian Seegatz zusammen mit seiner Praktikantin Elisabeth einen österreichischen Kollegen, der hier auf den Kanaren seinen Lebensanker geworfen hat. Patrick Hartl betreibt seit 2010 auf Gran Canaria das Gourmet-Restaurant »A. Gaudi«. Seine Spezialität sind kanarische Gerichte mit einem Schuss französischer und österreichischer Küche. Christian Seegatz und Elisabeth helfen neugierig beim Kochen mit und sind von den kreativen Gerichten, die nur mit frischen, lokalen Produkten zubereitet werden, restlos begeistert! Als Dankeschön lädt Christian Seegatz seinen Kollegen zu einem Blitzbesuch in die Küche auf der Grand Lady ein, wo Patrick Hartl aus dem Staunen ob der schieren Größe nicht herauskommt. Immerhin werden hier allein für ein Abendessen bis zu 4500 Mahlzeiten zubereitet! Das sind doch andere Dimensionen als in der Inselküche des Österreichers.

Bolo de Mel

Weihnachtlicher Honig-Zimt-Kuchen

FÜR 4 PERSONEN

500 g Honig
500 g Schweineschmalz oder Olivenöl
250 g Margarine
1,5 kg Mehl
500 g Rohrzucker
25 g Orangeat
25 g Zitronat
50 g Rosinen
10 g Anispulver
10 g Zimtpulver
1 Prise Salz
1 Prise Pfeffer
1 Prise Nelkenpulver
1 Prise Muskatnuss, gerieben
3 EL Natron oder Soda Bicarbonat

1 Honig, Fett und Margarine im Wasserbad vorsichtig aufkochen. Masse abkühlen lassen. Restliche Zutaten in einer Schüssel vermischen, zur abgekühlten Honigmischung dazugeben und gut verrühren, bis sich die Masse von der Schüssel löst. 2 Tage ruhen lassen.

2 Am dritten Tag den Backofen auf 175 °C (Ober-/Unterhitze) vorheizen. Eine Springform (Ø 26 cm) dünn mit etwas Öl einreiben und mit Backpapier auslegen. Masse einfüllen und im Backofen ca. 30 Min. backen. In Stücke schneiden, mit Kakao bestäuben, mit Früchten dekorieren und servieren.

Funchal haben wir mit »Verrückt nach Meer« schon häufig besucht, weil es in der Regel der letzte Hafen vor einer Atlantiküberquerung ist. Obwohl wir dort 2012 bereits zum dritten Mal anlegen, hilft uns – wie so oft in der Doku-Serie – der Zufall, eine neue Geschichte zu erzählen. Zusammen mit den Reiseleitern Bernd und Alex werden wir dafür direkt an der Hafenmole fündig: Auf nur 178 qm befindet sich hier das Fürstentum Pontinha. Die ehemalige Festung wird regiert von Prinz Dom Renato Barros, einem ursprünglich bürgerlichen Portugiesen. Im Jahr 2000 rief er seinen eigenen Staat aus, der zwar von niemandem anerkannt wird, aber dennoch zahlreiche Besucher wie heute Bernd und Alex herzlich willkommen heißt. Die beiden Weitgereisten sind dann auch sehr angetan von der eher kauzigen, aber liebevoll gestalteten Anlage. Und wir freuen uns über eine ungewöhnliche kleine Geschichte.

MS Albatros auf dem
Atlantik

AN BORD
BUFFET MAGNIFIQUE

Obwohl die Menschen (angeblich)heutzutage so viel bewusster auf ihre Ernährung achten, verbindet sich mit einer Kreuzfahrt noch immer das Klischee von gutem Essen. Und davon möglichst viel! Auch die von uns begleiteten Seereisen bieten den Passagieren eine Rundumversorgung mit bis zu acht Mahlzeiten am Tag. Hinzu kommen die kulinarischen Höhepunkte einer jeweiligen Kreuzfahrt und auf MS Albatros ist das traditionsgemäß das »Buffet Magnifique«. Es findet in der Regel an einem Seetag gegen Mitte einer Reise statt und ist nicht weniger als die lukullische Leistungsschau der Bordküche. Gereicht werden unterschiedlichste, erlesene Vorspeisen, verschiedene Hauptgänge mit Fisch und Fleisch und ein sehr üppiges Angebot an Nachspeisen. Das Buffet wird tagelang vom Küchen-Chef und seinem Team vorbereitet, und wir begleiten jeden Schritt mit der Kamera.

Neben der Zubereitung der hochwertigen Gerichte gibt sich die Küche jede erdenkliche Mühe, mit dem Buffet auch die Augen ihrer Gäste zu verwöhnen. Dafür entstehen in vielen Arbeitsstunden dutzende originelle und aufwendige Obstschnitzereien und Dekorationen, für die allein 370 Kilogramm Früchte benötigt werden. Aber auch die Menge an verwendeten Lebensmitteln liest sich beeindruckend: 200 Kilogramm Rinderrücken, 50 Kilogramm Kalb- und 140 Kilogramm Hühnerfleisch; 400 ganze Hummer, 200 Kilogramm Käse, 500 Eier und 120 Kilogramm Gemüse werden von den Köchen für das Buffet Magnifique verarbeitet. Das Ergebnis ist der reinste Gaumenschmaus und so opulent und liebevoll gestaltet, dass es eines der beliebtesten Fotomotive der Passagiere ist und sie zudem an diesem Abend gern aufs Kalorienzählen verzichten.

Riesengarnelen »Café de Paris«

FÜR 4 PERSONEN

1 kg Riesengarnelen der Größe 6–8
Salz / schwarzer Pfeffer
8 EL Olivenöl
1 Zwiebel
3 Knoblauchzehen
1 TL edelsüßes Paprikapulver
1 TL Currypulver
1 TL Sardellenpaste
½ TL Rosmarin, getrocknet
½ TL Thymian, getrocknet
50 ml Weißwein
je 2 cl Madeira und Cognac
200 g Cherrytomaten
250 g Sahne
30 g Butterflocken
Salz / schwarzer Pfeffer
1 Zitrone
4 EL Petersilie/ 4 EL Schnittlauch

1 Garnelen schälen, am Rücken leicht einschneiden und den Darm entfernen. Mit kaltem Wasser waschen und anschließend trocken tupfen. Mit Salz und frisch gemahlenem schwarzem Pfeffer würzen und in einer heißen Pfanne mit 4 EL Olivenöl glasig anbraten, aus der Pfanne nehmen und beiseitestellen.

2 Zwiebel schälen, fein hacken, Knoblauch schälen. In derselben Pfanne 4 EL Olivenöl erhitzen und die Zwiebeln darin anschwitzen. Den Knoblauch durchpressen, Paprikapulver, Currypulver, Sardellenpaste, Rosmarin und Thymian dazugeben, kurz weiter rösten und mit Weißwein, Madeira und Cognac ablöschen. Kurz aufkochen, die Cherrytomaten waschen, halbieren und dazugeben, dann die Sahne und ca. 10 Min. leicht köcheln lassen. Die kalten Butterflocken einrühren und die angebratenen Garnelen dazugeben. Mit Salz, frisch gemahlenem schwarzem Pfeffer und frisch gepresstem Zitronensaft würzen. Kurz vor dem Anrichten die Petersilie und Schnittlauch fein hacken und dazugeben.

3 Die Garnelen in einem vorgewärmten tiefen Teller anrichten und zusammen mit frischem Baguette servieren.

Profiteroles au Chocolat

Windbeutel mit Vanilleeis und Schokoladensauce

~~~~~~~~

FÜR 4 PERSONEN

250 ml Wasser
60 g Butter
½ TL Salz
20 g Zucker
150 g Mehl
4 Eier

125 g Wasser
125 g Zucker
25 g Kakaopulver (kein
Instantpulver)
1 Vanilleschote
25 g Kuvertüre

4 Kugeln Vanilleeis

1 Den Backofen auf 210 °C (Ober-/Unterhitze) vorheizen. In einem Topf Wasser, Butter, Salz und den Zucker einmal aufkochen lassen.

2 Das gesiebte Mehl dazugeben und käftig rühren, bis der Teig nicht mehr am Topfboden kleben bleibt. Jedes Ei einzeln unterrühren und zum Schluss alles noch einmal gut verrühren. Den Teig in einen Spritzbeutel füllen und auf ein mit Backpapier belegtes Blech 4 Häufchen spritzen. Im vorgeheizten Ofen ca. 15–18 Min. backen.

3 Wasser und Zucker in einem Topf zum Kochen bringen, bis sich der Zucker aufgelöst hat; dabei immer wieder kurz umrühren. Den Topf von der Kochstelle nehmen und unter ständigem Rühren das Kakaopulver, die frisch ausgekratzte Vanilleschote und die fein gehackte Kuvertüre dazugeben. Den Topf wieder auf den Herd stellen und bei schwacher Hitze unter ständigem Rühren köcheln lassen, bis sich das Kakaopulver komplett aufgelöst hat. Die Schokoladensauce kann heiß oder kalt serviert werden.

4 Die ausgekühlten Windbeutel in der Mitte aufschneiden, mit 1 Kugel Vanilleeis füllen und mit der Schokoladensauce übergießen – sicher eine Kalorienbombe, aber superlecker.

Mango~Panna~Cotta

FÜR 4 PERSONEN
6 Blatt Gelatine
750 g Schlagsahne
60 g Zucker
3 Mangos
2 EL brauner Zucker
300 ml Orangensaft
frische Minze oder Ananasblätter
und Erdbeeren

1 Zuerst die Gelatine in kaltem Wasser 5 Min. einweichen. Schlagsahne mit dem Zucker verrühren und bei mittlerer Hitze aufkochen lassen. Wenn die Schlagsahne kocht, sofort vom Herd nehmen. Gelatine ausdrücken und in die Schlagsahne rühren, bis sie aufgelöst ist.

2 Die Mangos schälen und die Steine entfernen. Fruchtfleisch in kleine Stücke schneiden. Zucker in einem Topf karamellisieren, mit Orangensaft ablöschen. Fruchtfleisch in den Orangensud geben und so lange köcheln lassen, bis die Mango schön weich ist. Mit dem Pürierstab fein mixen. Die Hälfte des Mangomus kalt stellen und die andere Hälfte in die gekochte Schlagsahne geben. Bei mittlerer Hitze kurz aufkochen lassen.

3 Vier Rotweingläser mit der Panna Cotta abfüllen und für 5 Std. in den Kühlschrank stellen. Panna Cotta aus der Kühlung holen und mit dem restlichen Mangomus auffüllen, vor dem Servieren die frische Minze waschen, trocken tupfen und die Panna Cotta mit einigen Blättern dekorieren. Einen tollen Eindruck machen auch durchgeschnittene Ananasblätter und auf den Glasrand gesteckte Erdbeeren als Dekoration.

MS Artania vor Iles des Saintes,
Guadeloupe

Karibik

Havanna

Jost van Dyke

Castries

Banana Cigar

Gebackene Banane mit Havanna-Rum und Schokoladeneis

FÜR 4 PERSONEN

4 Springroll-Blätter (aus dem Asialaden; TYJ Spring Roll Pastry, Größe 21,5 x 21,5 cm)

4 Bananen
6 EL Rum
1 EL Wasser
500 g Frittierfett
Puderzucker zum Bestreuen
4 Kugeln Schokoladeneis

1 Den Teig, der hier für die Bananen Cigar verwendet wird, kann man in jedem Asialaden kaufen. Für die Cigars benötigt man 4 Blätter.

2 Bananen, schälen, halbieren und 15 Min. in Rum einlegen, alle 5 Min. einmal wenden, damit die Bananen gut durchziehen können.

3 4 Springroll-Blätter vorsichtig trennen (Rest vom Springroll-Teig wieder einfrieren) und auf einen Teller legen, den Teller so drehen, dass die Spitze vom Teig zum Koch zeigt, die Bananen aus dem Rum nehmen und mit einem Küchentuch etwas abtupfen.

4 1 Banane auf die Hälfte vom Teig legen und die untere Ecke über die Banane schlagen, 2-mal einrollen. Dann die seitlichen Ecken über der Banane einschlagen. Die obere Ecke mit etwas Wasser befeuchten und bis zum Schluss aufrollen. Mit den restlichen 3 Bananen ebenso verfahren.

5 Das Frittierfett erhitzen und die Banana Cigar darin goldbraun ausbacken. Nach dem Backen auf Küchenpapier kurz abtropfen lassen.

6 Die Banana Cigar auf einen Teller geben, mit Puderzucker bestreuen und mit 1 Kugel Schokoladeneis servieren.

Die Hauptstadt Kubas lockt jährlich mehr als eine Million Besucher aus der ganzen Welt an, die sich von Salsa-Musik, karibischem Flair und dem bröckelnden kolonialen Glanz verzaubern lassen. Mit unserer Ankunft kommen die ca. 1000 Passagiere hinzu, unter ihnen der zweieinhalbjährige Lio, Sohn von Kreuzfahrtdirektor Thomas Gleiß und Künstler-Chefin Katrin Wiedmann-Gleiß. Seine Mama hat sich für Lio eine tolle Überraschung einfallen lassen: Gemeinsam fahren sie in einem alten US-Straßenkreuzer auf Besichtigungstour durch Havanna. Oldtimer prägen noch heute das Straßenbild, und der 58 Jahre alte feuerrote Buick Invicta, in dem Lio durch die Stadt chauffiert wird, ist für ihn einfach das größte Spielzeugauto der Welt!

Ein ganz besonderer Moment während der Dreharbeiten war es, als Kapitän Morten Hansen und seine Frau Waltraud Hochzeitstag feierten. Und das auf der Karibikinsel Jost van Dyke, wo sie sich vor genau 20 Jahren kennengelernt haben. Um die Insel zu erreichen, chartern wir ein kleines Motorboot, in dem nur das Ehepaar und das Kamerateam Platz finden. Plötzlich erfasst eine Welle das Boot und trifft unsere Kamera so unglücklich, dass sie den Betrieb einstellt. Uns bleibt nur übrig, den Fortgang der Geschichte als Fotostory zu erzählen. Das ist zwar erst einmal ärgerlich, aber die Fotos treffen die romantische Stimmung vielleicht sogar besser, als wir sie im Bewegtbild hätten wiedergeben können.

Creole Ribeye Steak
mit Coca-Cola-BBQ-Sauce, Blattspinat und Süßkartoffel

FÜR 4 PERSONEN
100 ml Olivenöl
2 EL Salz
2 EL schwarzer Pfeffer
1 EL Paprikapulver, geräuchert
½ TL Knoblauchpulver
½ TL Korianderpulver
1 TL Oregano, getrocknet
1 TL Thymian, getrocknet
4 Ribeye Steaks à 300 g

250 ml Coca-Cola
250 ml Ketchup
60 ml Worcestersauce
1 TL Räucherflüssigkeit
4 EL A1 Steaksauce
1 TL Zwiebelpulver
1 TL Knoblauchpulver
1 TL schwarzer Pfeffer, frisch gemahlen

2 Schalotten
1 Knoblauchzehe
2 EL Olivenöl
500 g frische junge Spinatblätter
Salz
weißer Pfeffer
Muskatnuss, gerieben

4 Süßkartoffeln
4 EL Schnittlauch
½ TL Meersalz
½ TL schwarzer Pfeffer
2 EL Zitronensaft
200 g Sauerrahm

1 Für das Ribeye Steak das Olivenöl, Salz, frisch gemahlenen schwarzen Pfeffer, Paprikapulver, Knoblauchpulver, Korianderpulver, Oregano und Thymian zusammen verrühren. Steaks trocken tupfen. Die Marinade vorsichtig in die Steaks einmassieren, mit Frischhaltefolie abdecken und bei Zimmertemperatur ca. 1 Std. ziehen lassen.

2 Die marinierten Steaks in einer heißen Grillpfanne (220 °C) bis zur gewünschten Garstufe braten und anschließend einige Min. im Backofen bei 70 °C ruhen lassen.

3 Für die BBQ-Sauce alle Zutaten zusammen in einen Topf geben, verrühren und einmal aufkochen lassen. Anschließend bei schwacher Hitze ca. 15 Min. köcheln lassen.

4 Für den Blattspinat die Schalotten und den Knoblauch schälen und fein hacken. Den Spinat gut waschen, trocken tupfen. In einer hohen Pfanne Schalotten und Knoblauch mit Olivenöl leicht anschwitzen, Spinatblätter dazugeben, kurz durchschwenken. Mit Salz, frisch gemahlenem weißem Pfeffer und Muskatnuss würzen.

5 Für die Ofenkartoffen die Süßkartoffeln waschen und trocken reiben. Mit einer Gabel rundherum Löcher stechen und die Kartoffeln in Alufolie wickeln. Im vorgeheizten Backofen bei 180 °C ca. 1 Std. garen. Vor dem Servieren die Folie entfernen und kreuzförmig einschneiden.

6 Den Schnittlauch waschen, trocken tupfen, fein schneiden und zusammen mit Meersalz, frisch gemahlenem schwarzem Pfeffer und Zitronensaft unter den Sauerrahm rühren.

7 Das Steak in ca. 1 cm dicke Streifen schneiden, auf den Blattspinat legen und mit der BBQ-Sauce übergießen. Die Kartoffel danebenlegen und mit dem Schnittlauch-Sauerrahm füllen.

Jalapeño Poppers
Gebackene Chilischoten, mit Käse gefüllt

FÜR 4 PERSONEN

200 g Cheddar
300 g Frischkäse
100 g geräucherter Bauchspeck
Salz
schwarzer Pfeffer
16 Jalapeño-Chilischoten
40 g Mehl
4 Eier
200 g Weißbrotbrösel
1 l Pflanzenöl
2 Avocados
1 rote Zwiebel
½ TL Chiliflocken
2 Limetten

1 Cheddarkäse fein reiben. Den Frischkäse und den Cheddar in der Küchenmaschine glatt rühren. Den Bauchspeck in 0,5 cm kleine Würfel schneiden, in einer Pfanne kross rösten und zum Käse dazugeben. Die Käse-Speck-Mischung mit Salz und frisch gemahlenem schwarzem Pfeffer würzen.

2 Die Jalapeño-Chilischoten waschen, die Kappe abschneiden und die Kerne entfernen. Die Chilischoten mit der Käse-Speck-Mischung füllen.

3 Die gefüllten Chilischoten mit Mehl, den verquirlten Eiern und Weißbrotbröseln doppelt panieren. Das Pflanzenöl auf 180 °C erhitzen und die panierten Chilischoten darin goldgelb ausbacken.

4 Die Avocados halbieren und die Kerne entfernen. Das Fruchtfleisch aus der Schale lösen (diese dabei unbeschädigt lassen), mit einer Gabel grob zerdrücken und wieder in die Schale füllen. Mit roten Zwiebeln und Chiliflocken garnieren und mit frisch gepresstem Limettensaft beträufeln.

Während die Passagiere einen traumhaften Urlaubstag auf der Karibikinsel St. Lucia erleben, müssen unsere beiden Küchenpraktikanten in der Bordküche schuften. Andreas ist erst vor wenigen Tagen zugestiegen und hat direkt nach seiner Ankunft seinen 18. Geburtstag auf der Grand Lady gefeiert. Er ist das erste Mal allein so weit weg von zu Hause und glücklich, in der 19-jährigen Elisabeth eine »Leidensgenossin« zu haben, die auch noch wie er aus Bayern kommt. In der Küche lernen sie heute, wie man Mahi Mahi ausnimmt. Das ist eine Art Goldmakrele, die Elisabeth und Andreas gestern mit Küchen-Chef Fritz Pichler fangfrisch auf dem Markt in St. Vincent gekauft haben. Am Abend werden sie den Fisch beim karibischen Barbecue den Gästen an Bord persönlich servieren.

MS Artania vor Buzios,
Brasilien

Lima

Salvador da Bahia

Boca do Valeria

Valparaiso

Buenos Aires

Südamerika

Peixe Recheado
Gefüllter Fisch mit Knoblauchreis

FÜR 4 PERSONEN

1 Zwiebel
1 Tomate
50 g Ananas (aus der Dose
oder frisch)
50 g Papaya / 50 g Mango
50 g Palmenherzen
1 Chilischote
1 EL Minze
3 EL Erdnussöl
2 EL Limettensaft
Salz / schwarzer Pfeffer

4 ganze Doraden, Wolfsbarsche
oder Rotbarsche à 400 g,
ausgenommen und geschuppt
4 EL Zitronensaft
4 EL Olivenöl
4 Bananenblätter

400 g Langkornreis
800 g Wasser
1 EL Salz
4 Knoblauchzehen
4 EL Olivenöl
Chilisalz

1 Bund Koriandergrün
4 kleine Chilischoten
8 Zitronenspalten

1 Zwiebel, Papaya, Mango schälen, Tomate waschen. Ananas, Zwiebel, Papaya, Mango und Palmenherzen in feine Würfel schneiden. Die Chilischote und Minze fein waschen und trocken tupfen, dann hacken und dazugeben. Das Erdnussöl und den Limettensaft dazugeben und vorsichtig verrühren. Mit Salz und geschrotetem schwarzem Pfeffer würzen.

2 Die Fische kalt abspülen und trocken tupfen. Mit Salz und Zitronensaft innen und außen würzen und mit der Salsa füllen. Die Bananenblätter je nach Fischgröße in 6–10 cm breite Streifen schneiden. Die Fische mit Olivenöl bestreichen, in je 1 Bananenblatt einschlagen und mit Zahnstochern fixieren.

3 Die Fische auf ein Backblech legen und im vorgeheizten Backofen bei 180 °C (Umluft) ca. 15 Min. backen.

4 Für den Knoblauchreis den Reis in ein Sieb geben und unter kaltem Wasser gut abwaschen. In leicht gesalzenem Wasser kalt aufstellen, einmal aufkochen und dann ca. 20 Min. zugedeckt köcheln lassen. Den Topf vom Herd nehmen und den weich gekochten Reis darin einige Min. ausdämpfen lassen.

5 Den Knoblauch, schälen, fein hacken und in Olivenöl knusprig ausbacken. Unter den ausgedämpften Reis mischen und mit Chilisalz würzen.

6 Den Reis auf eine vorgewärmte Platte geben und die Fische darauf anrichten. Koriander und Chilischoten waschen und trocken tupfen. Das Gericht mit dem frischen Koriander, den Chilischoten und den Zitronenspalten garnieren.

Nach drei Tagen auf dem Amazonas erreichen wir Boca do Valeria, das im Reiseführer als ursprüngliches Dorf mit indigenen Bewohnern beschrieben wird. Zusammen mit Hunderten Passagieren und einigen Crew-Mitgliedern gehen wir an Land und sind gespannt, was uns erwartet. Als wir den ersten »Eingeborenen« begegnen, erscheint ihr Auftritt vielen von uns als sonderbar: Mit Federschmuck und ansonsten eher wenig bekleidet stehen überall am Wegesrand bis zum Dorf bunt geschminkte Kinder. Einige haben ein exotisches Tier im Arm und lassen sich von den Touristen für Geld fotografieren. Nichts an dieser Situation ist ursprünglich, eher erinnert es an einen Menschenzoo. Selbst Kapitän Hansen ist zwiegespalten und empfindet gegenüber den Dorfbewohnern ein beschämendes Gefühl. Diese Situation, die alles andere als »heil« ist, halten wir mit der Kamera fest und überlassen es den Zuschauern, sich eine eigene Meinung zu bilden.

Salpicão

Cremiger Hähnchensalat mit Gemüse und Rosinen

FÜR 4 PERSONEN

4 Hähnchenbrustteile ohne Haut
Salz
schwarzer Pfeffer
2 EL Pflanzenöl
1 Apfel
2 Limetten
je 50 g rote, gelbe und grüne
Paprikaschoten
120 g Kartoffeln
100 g Erbsen
100 g Maiskörner
4 EL hochwertiges Olivenöl
100 g Mayonnaise
50 ml Hühnerbrühe
Salz
schwarzer Pfeffer
2 Frühlingszwiebeln

1 Hähnchenbrust abwaschen und trocken tupfen, mit Salz und frisch gemahlenem schwarzem Pfeffer würzen, in Pflanzenöl auf beiden Seiten anbraten und im vorgeheizten Backofen bei 180 °C fertig garen. Hähnchenbrust auskühlen lassen und in 0,5 cm kleine Würfel schneiden.

2 Apfel schälen, entkernen und ebenfalls in 0,5 cm kleine Würfel schneiden und mit dem Saft der ausgepressten Limetten marinieren, damit sie nicht braun werden. Die Paprikaschoten waschen, trocken tupfen und in 0,5 cm kleine Würfel schneiden.

3 Die Kartoffeln roh schälen, in 0,5 cm kleine Würfel schneiden und in Salzwasser weich kochen, Anschließend in ein Sieb geben, abtropfen und auskühlen lassen.

4 Erbsen, Kartoffeln, Äpfel mit Limettensaft, Mais und Olivenöl vorsichtig unter die Hähnchenwürfel mischen. Mayonnaise und Hühnerbrühe dazugeben, vorsichtig unterrühren und mit Salz und frisch gemahlenem schwarzem Pfeffer würzen.

5 Die Frühlingszwiebeln waschen und in feine Ringe schneiden und über den fertigen Salat streuen.

In Salvador steigt die brasilianische Tänzerin und Moderatorin Fernanda Brandao zu. Obwohl sie eine lange Anreise aus Deutschland hinter sich hat, sprüht die 32-Jährige vor Tatendrang. Gleich nach ihrer Ankunft besucht sie mit Adamo Dias, einem der Tänzer vom Schiff, die Altstadt von Salvador. Adamo ist hier aufgewachsen und schwärmt von seiner Heimatstadt, die als »schwärzeste« Brasiliens gilt. Rund 80 Prozent der Einwohner haben afrikanische Vorfahren, die als Sklaven in der Kolonialzeit über den Atlantik verschifft wurden. Noch heute prägen sie die Kultur von Salvador, und dazu gehört auch Capoeira, ursprünglich ein Kampfsport, der sich im Laufe der Jahrzehnte mehr zu einem Kampftanz entwickelte. Auch Fernanda und Adamo sind leidenschaftliche Capoeira-Tänzer. Als sie auf einem der belebten Plätze auf eine Gruppe Musiker stoßen, legen sie spontan los und begeistern Einheimische und Touristen mit ihrer leidenschaftlichen Darbietung.

Ajoblanco
Kalte Knoblauch-Mandel-Suppe

FÜR 4 PERSONEN

100 g Weißbrot
100 ml Milch
150 g geschälte Mandeln
4 Knoblauchzehen
500 ml Gemüsebrühe
1 EL Sherryessig
Meersalz
weißer Pfeffer
4 EL hochwertiges Olivenöl
1 Chilischote
1 TL Chiliflocken
1 TL Chilipulver
1 TL Petersilie

1 Das Weißbrot entrinden, klein schneiden und ca. 10 Min. in der kalten Milch einweichen. Die Mandeln und die geschälten Knoblauchzehen dazugeben und im Mixbecher oder mit dem Pürierstab mixen.

2 Die Masse durch ein mittelfeines Sieb streichen und mit der Gemüsebrühe auffüllen. Sherryessig dazugeben und mit Salz und frisch gemahlenem weißem Pfeffer abschmecken.

3 Vor dem Servieren nochmals aufmixen und in gekühlte Tassen füllen. Das Olivenöl dazu geben und leicht unterrühren. Mit fein gehackten Chiliflocken, dem Chilipulver und der Petersilie garnieren.

Zusammen mit Passagieren und Crew-Mitgliedern erkunden wir mit drei unserer Kamerateams Argentiniens wunderschöne, quirlige Hauptstadt. Ob auf den Spuren von Papst Franziskus, auf antiken Flohmärkten oder in einer der unzähligen Tango-Bars – Buenos Aires begeistert! Weil heute ein großes Loading stattfindet, bleibt Lademeister Mario Koch ein Stadtbummel verwehrt und somit auch unserem vierten Kamerateam. Allein in den letzten drei Wochen wurden an Bord zehn Tonnen Fleisch, drei Tonnen Fisch und zwei Tonnen Melonen verzehrt. Also höchste Zeit für Nachschub. An der Pier werden daher 150 Tonnen Frischware, vor allem Obst, Salat und Gemüse, angeliefert. Der Lademeister muss die Ware erst prüfen, bevor die unzähligen Paletten von seinen Mitarbeitern in den Lade- und Kühlräumen verstaut werden. Das ist schweißtreibende Arbeit, die den ganzen Tag in Anspruch nimmt. Aber auf einem Kreuzfahrtschiff wäre kaum etwas schlimmer, als die Gäste hungern zu lassen …

Cazuela
Chilenische Festtagssuppe

〰〰〰

FÜR 4 PERSONEN
200 g Kartoffeln
200 g Knollensellerie
200 g Kürbis
200 g grüne Bohnen
2 Zwiebeln

4 Hähnchenkeulen
Salz
schwarzer Pfeffer
2 EL Pflanzenöl
2 l Hühnerbrühe
4 EL Rundkornreis

1 TL Oregano
200 g Dosenmais
1 EL Korianderblätter

1 Kartoffeln, Sellerie und Kürbis schälen und in ca. 1,5 cm große Würfel schneiden. Grüne Bohnen waschen, trocken tupfen und in ca. 3 cm lange Stifte schneiden. Zwiebeln, schälen und fein hacken.

2 Hähnchenkeulen am Gelenk halbieren, in kaltem Wasser abwaschen und trocken tupfen. Mit Salz und frisch gemahlenem schwarzem Pfeffer würzen. In einem Topf Pflanzenöl erhitzen und die Hähnchenteile darin scharf anbraten und anschließend beiseitestellen.

3 Im selben Topf die Zwiebeln leicht braun anschwitzen, die Hähnchenteile dazugeben und mit der Hühnerbrühe auffüllen und ca. 45 Min. zugedeckt köcheln lassen, bis die Hähnchenteile weich sind. Nach der halben Kochzeit Kartoffeln, Sellerie, Kürbis, grüne Bohnen und Reis dazugeben. Mit Salz und frisch gemahlenem schwarzem Pfeffer würzen.

4 Vor dem Servieren Oregano, Mais und Korianderblätter dazugeben.

Mit Valparaíso erreicht MS Artania einen der schönsten Orte unserer Drehreise rund um Südamerika! Die Hafenstadt am Pazifik erstreckt sich über 45 Hügel und ist das kulturelle Herzstück Chiles. Weil ein Passagierwechsel stattfindet, legt die Grand Lady hier für zwei Tage an. Zu den Abreisenden gehört auch Waltraud Hansen, die Frau des Kapitäns. Bis sie ihren Mann wiedersieht, werden viele Wochen vergehen, umso wichtiger, dass dieser letzte gemeinsame Tag ein schöner wird. Für unser Kamerateam ist das eine sensible Angelegenheit. Einerseits wollen wir das Abschiednehmen von Ehepaar Hansen so authentisch wie möglich erzählen, andererseits gebietet es der Respekt, dem Kapitän und seiner Frau auch private Momente zuzugestehen, bei denen unsere Kamera ausgeschaltet bleibt. In Valparaíso gelingt uns das, als wir die beiden ins »Restaurant Hamburg« begleiten – eine waschechte Hafenkneipe, wie man sie eigentlich in Sankt Pauli, aber nicht in Südamerika erwarten würde.

Ceviche
Marinierter Fisch mit roten Zwiebeln

FÜR 4 PERSONEN

600 g Rotbarschfilet, ohne Haut und
Gräten
1 Zwiebel
200 ml Limettensaft, frisch gepresst
8 schwarze Oliven
8 grüne Oliven
2 rote Chilischoten
2 Tomaten
1 Bund Koriander
4 EL hochwertiges Olivenöl
Meersalz
schwarzer Pfeffer
1 Tüte Nachos

1 Das Rotbarschfilet kalt abwaschen und trocken tupfen, dann in dünne Scheiben schneiden und eine Auflaufform damit auslegen. Die Zwiebel schälen, in feine Ringe schneiden und auf dem Fisch verteilen. Mit dem Limettensaft übergießen, mit Frischhaltefolie bedecken und 2 Std. kalt stellen.

2 Den marinierten Fisch und die Zwiebeln ohne die Limettensaftmarinade auf gekühlten Tellern anrichten.

3 Die Oliven und gewaschenen Chilischoten entkernen und fein hacken. Die Tomaten waschen, entkernen und in 1 cm große Stücke schneiden. Die Korianderblätter waschen, trocken tupfen, grob hacken. Alles zusammen mit dem Olivenöl und 100 ml der Limettensaftmarinade abmischen und mit Meersalz und frisch gemahlenem schwarzem Pfeffer würzen.

4 Die Fischfilets mit der Vinaigrette nappieren und zusammen mit Nachos servieren.

In Peru erwartet uns mit Machu Picchu eine der beeindruckendsten antiken Stätten der Welt. Doch auch die Hauptstadt Lima verspricht neben historischen Sehenswürdigkeiten eine besondere Geschichte: Peru ist eines der ärmsten Länder der Welt und allein in Lima leben Hunderttausende Kinder auf der Straße! Die Crew hat wochenlang Spenden gesammelt, und einige von ihnen besuchen heute ein Kinderheim, in dem Straßenkinder ein Zuhause gefunden haben. Als sie dort ankommen, werden sie freudestrahlend begrüßt. Die Kinder führen ein Singspiel auf und tanzen mit ihren Besuchern Hand in Hand durch den Saal. Als sie danach fröhlich ihre Geschenke auspacken, sehen wir selbst bei dem ein oder anderen »harten Hund« aus der Crew Tränen der Rührung. Es sind solche Momente, die uns bei »Verrückt nach Meer« so wichtig sind, wenn wir neben der nahezu perfekten Kreuzfahrt-Idylle auch immer wieder einen Blick auf die Missstände hinter den Postkartenfassaden der Urlaubsorte werfen.

Strand bei Acapulco,
Mexiko

Mittelamerika

Acapulco

Puntarenas

Arroz Pinto
Reispfanne mit Bohnen und Gemüse

FÜR 4 PERSONEN
200 g schwarze Bohnen
200 g Langkornreis
400 ml Wasser
1 TL Kreuzkümmel
200 g Zwergtomaten
2 EL hochwertiges Olivenöl
2 Knoblauchzehen
1 Bund Koriander
2 Frühlingszwiebeln
Salz
schwarzer Pfeffer
2 Limetten
6 Eier

1 Die schwarzen Bohnen über Nacht in kaltem Wasser einweichen und am nächsten Tag im gesalzenen Einweichwasser weich kochen. Die Bohnen in ein Sieb geben, abtropfen lassen.

2 Den Reis in ein Sieb geben und mit kaltem Wasser abwaschen. Den Reis in Salzwasser weich kochen, in ein Sieb geben und mit kaltem Wasser abschrecken.

3 Eine Pfanne erhitzen und den Kreuzkümmel kurz trocken anrösten. Koriander waschen, trocken tupfen, Knoblauch schälen. Das Olivenöl in die Pfanne geben, den Knoblauch durchpressen und kurz weiterrösten.

4 Die Zwergtomaten waschen und halbieren. Die Bohnen, die Zwergtomaten und die gehackten Korianderblätter dazugeben und ca. 5 Min. köcheln lassen. Frühlingszwiebeln waschen und in Ringe schneiden. Den Reis und die Frühlingszwiebelringe dazugeben und mit Salz, frisch gemahlenem schwarzem Pfeffer und dem frisch gepressten Limettensaft würzen.

5 Die Eier verquirlen und mit Salz und Pfeffer würzen. Etwas Olivenöl in einer Pfanne erhitzen und Rührei machen. Diese auf dem Reis anrichten und mit frischem Limettensaft beträufeln.

In der fensterlosen Küche von MS Artania bekommt Praktikantin Elisabeth nicht mit, wie paradiesisch Costa Rica ist. Zwei unserer Kamerateams begleiten dort Ausflüge in den tropischen Dschungel und das artenreiche Hinterland, während ein drittes Team bei Elisabeth an Bord bleibt. Die 19-Jährige muss sich um 650 Portionen Grießbrei auf Erdbeerkompott kümmern und wechselt direkt im Anschluss ihren Arbeitsplatz: Sie kommt in die Crew-Küche. Dort wird für die 500 Besatzungsmitglieder Kantinenessen gekocht. Zum Einstand muss sie Hunderte Knoblauchzehen schälen. Aber nachmittags darf sie doch noch auf Landgang und bekommt so wenigstens einen Eindruck von Costa Rica. Auf dem Markt kauft sie Andenken und lernt sogar Einheimische kennen. Für unsere Serie sind solche Geschichten ein Geschenk, wenn wir ganz authentisch den Alltag eines Crew-Mitglieds erleben dürfen – mit allen Höhen und Tiefen.

Pico de Gallo
Pikante Würzsalsa

FÜR 4 PERSONEN
4 Tomaten
1 Gurke
1 rote Zwiebel
je 1 gelbe, grüne und rote
Paprikaschote
2 Avocados
1 rote Chilischote
1 Zitrone
1 Limone
12 EL hochwertiges Olivenöl
Meersalz
schwarzer Pfeffer
1 Bund Koriander

1 Die gewaschenen Tomaten, die entkernte und geschälte Gurke, die geschälte rote Zwiebel, die gewaschenen Paprikaschoten und die Avocados in 1 cm große Würfel schneiden. Die gewaschene Chilischote halbieren, entkernen und fein hacken. Zitrone und Limone auspressen und den Saft zusammen mit dem Olivenöl zu den Gemüsewürfeln geben. Mit Meersalz und frisch gemahlenem schwarzem Pfeffer abschmecken.

2 Vom Koriander die Stiele entfernen. Die Blätter waschen, trocken schütteln, grob hacken und kurz vor dem Servieren unter die Salsa geben. Die Salsa schmeckt sehr gut zu gegrilltem Fisch, Fleisch und Geflügel.

»Hey Acapulco, I hear you softly calling. We're sailing around the horn of love. To Acapulco.« So besang Neil Diamond einst den Badeort an der Westküste Mexikos, in dem sich in den 50er- und 60er-Jahren Prominente wie Liz Taylor, Frank Sinatra und Cary Grant ein Stelldichein gaben. Der Aufstieg vom Fischerdorf zum mondänen Treffpunkt des internationalen Jetsets ist aber längst Geschichte. Trotzdem ist die nächtliche Einfahrt in die Bucht von Acapulco auch heute noch ein faszinierendes Schauspiel, wenn sich Tausende Lichter von den umliegenden Villenhügeln glitzernd im Wasser spiegeln. Mit »Verrückt nach Meer« kommen wir zum ersten Mal 2011 nach Acapulco. Sofort fallen uns die Taxis auf: alte, blauweiß lackierte VW Käfer! Sie prägen noch heute das Straßenbild der mexikanischen Hafenstadt. Vor allem für viele Deutsche, die wir mit dem Käfer »groß« geworden sind, fühlt sich dadurch eine Taxifahrt in Acapulco wie eine kleine Zeitreise an.

MS Artania vor der
US-Westküste

San Francisco

Los Angeles

Nordamerika

Waterfront Tuna Wrap

Tortilla mit Thunfisch und Pico de Gallo

FÜR 4 PERSONEN

1 Zwiebel
je ½ grüne, rote und
gelbe Paprikaschote
2 EL Olivenöl
500 g Thunfisch (aus der Dose)
150 g Mayonnaise
50 g Crème fraîche
½ TL Kreuzkümmel
2 EL Zitronensaft
Salz
schwarzer Pfeffer
8 Tortilla-Pfannkuchen
1 Schale Rucola
Pico de Gallo (Rezept auf Seite 65)
100 g Cheddar
1 Bund Koriander

1 Die Zwiebel schälen, die Paprikaschoten waschen und alles in ca. 0,5 cm kleine Würfel schneiden und in heißem Olivenöl zusammen anbraten.

2 Den Thunfisch in ein Sieb geben, abtropfen lassen und anschließend in eine Schüssel geben. Mayonnaise, Crème fraîche, Zwiebel, Paprika, Kreuzkümmel und Zitronensaft dazugeben und alles verrühren. Mit Salz und frisch gemahlenem schwarzem Pfeffer würzen.

3 Die Tortilla-Pfannkuchen mit der Thunfischmasse ca. 1 cm dick bestreichen. Rucola waschen und trocken schütteln, auf der Masse verteilen, die Pfannkuchen einrollen und kalt stellen.

4 Die fertigen Rollen vor dem Servieren in ca. 1 cm dicke Scheiben schneiden und gemeinsam mit dem Pico de Gallo auf einem gekühlten Teller anrichten. Mit frisch geriebenem Cheddarkäse bestreuen und mit Koriandergrün garnieren.

Kalifornien. Stadt der Engel. In Los Angeles drehen wir Geschichten an berühmten Sehenswürdigkeiten wie Venice Beach, Disney Hall und dem Walk of Fame in Hollywood. Ein Team fliegt sogar mit einem Pärchen zur Hochzeit nach Las Vegas. Doch parallel zu unseren Ausflügen erzählen wir auch immer über die Arbeit der 340 Besatzungsmitglieder auf MS Albatros. Oft für Monate fernab von Familie und Zuhause, kümmern sie sich fast rund um die Uhr um das Wohl der etwa 800 Passagiere. Da bleibt für Privates wenig Raum und Zeit. Umso herzlicher erleben wir das Miteinander der Crew. Sie bilden eine eingeschworene Gemeinschaft, die während der Zeit an Bord wie eine Ersatzfamilie funktioniert. Auch heute, als die philippinischen Köche ihrer Patisserie-Chefin Roberta mit einem Ständchen zum Geburtstag gratulieren, schwingt dabei ganz viel Herzenswärme durch die Küche.

Fisherman's Wharf Chowder

Shrimpssuppe mit Mais

FÜR 4 PERSONEN

100 g Bauchspeck
1 Zwiebel
150 g Kartoffeln
150 g Karotten
4 EL Olivenöl
2 Knoblauchzehen
1 EL Tomatenmark
25 g Mehl
4 EL Hummerbutter
500 ml Gemüsebrühe
300 g Sahne
200 g Sauerrahm
300 g Babyshrimps
200 g Dosenmais
Salz
weißer Pfeffer
1 EL Petersilie
1 EL Dill
1 TL Chiliflocken

1 Den Bauchspeck in feine Streifen schneiden. Die Zwiebel, Kartoffeln und Karotten schälen und in ca. 1 cm kleine Würfel schneiden.

2 Das Olivenöl in einem Topf erhitzen, die Speckstreifen und die Zwiebeln darin anbraten, Knoblauch durchpressen und mit anbraten. Das Tomatenmark dazugeben, kurz mitrösten. Das Mehl und die Hummerbutter unterrühren und mit Gemüsebrühe, Sahne und Sauerrahm auffüllen.

3 Die Kartoffeln und Karotten dazugeben und alles leicht köcheln, bis das Gemüse weich ist. Die Shrimps und den Mais dazugeben und mit Salz und frisch gemahlenem weißem Pfeffer würzen.

4 Petersilie und Dill abbrausen, trocken schütteln und klein hacken bzw. schneiden. Die Suppe in vorgewärmten tiefen Tellern anrichten und vor dem Servieren mit Petersilie, Dill und Chiliflocken bestreuen.

Wenige Seemeilen bevor wir San Francisco erreichen, macht sich an Bord eine besondere Stimmung breit. Alle Passagiere sind an Deck gekommen und können es kaum erwarten, unter der berühmten Golden Gate Bridge hindurchzufahren. Kein anderes Bauwerk steht so sinnbildlich für San Francisco, die Stadt der Blumenkinder. Alle Fotoapparate sind gezückt, und Kapitän Hansen drosselt die Maschinen. Als die Brücke in Sichtweite rückt, intonieren auf einem der Außendecks die Musiker Rainer und Adax »If you're going to San Francisco, be sure to wear some flowers in your hair ...«. Voller Inbrunst singen sie den Welthit von Scott McKenzie und krönen damit die Durchfahrt unter der Golden Gate Bridge. Ein Gänsehautmoment, der nicht nur manche Passagiere wehmütig an ihre Jugendzeit zurückdenken lässt ...

MS Albatros auf hoher See

Pazifik

Honolulu

AN BORD
SCHNITZEL-ABEND

Egal, wo das Kreuzfahrtschiff gerade auf der Welt unterwegs ist, kein Ziel kann exotisch genug sein, als dass die deutschen Passagiere in der Ferne auf Gewohnheiten aus der Heimat verzichten wollen. Sei es das Zelebrieren von christlichen Festen wie Ostern und Weihnachten oder das Oktoberfest, das auf fast jeder Reise ausgiebig an Bord gefeiert wird. Zu diesen Gepflogenheiten zählt natürlich auch das Essen. Viele Kreuzfahrtgäste sind zwar neugierig auf fremde Kulturen, damit geht aber nicht auch zwingend ein größeres Interesse an der lokalen Küche einher.

Und so hat sich auf der Grand Lady ein Ritual etabliert, das die regelmäßige Versorgung der Passagiere mit (Wiener) Schnitzeln gewährleistet. Dieses wird nicht in einem der drei Restaurants vollzogen, sondern in der Bodega Bar als Sonderveranstaltung angeboten. Ein- oder zweimal pro Reise lädt der Küchen-Chef dorthin ein zu einem »Schnitzel-Abend«, für den die Passagiere extra reservieren und auch bezahlen müssen. Dennoch ist es die Regel, dass diese Veranstaltung meist schon nach kurzer Zeit ausgebucht ist! Darunter »leiden« dann nicht nur alle Passagiere, die nicht zum Zug bzw. an ihr Schnitzel kommen, sondern oftmals auch unsere Teammitglieder. Viele von ihnen sind nach vielen Wochen fern der Heimat ganz vernarrt in die goldbraun ausgebackene Kalbfleischdelikatesse. Weshalb es regelmäßig zu Diskussionen kommt, welches Team die Vorbereitungen für dieses Event in der Küche drehen darf, um dadurch vielleicht doch noch eine der begehrten österreichischen Spezialitäten zu ergattern.

Der Kapitän hat es da besser. Für Morten Hansen ist in der Bodega Bar ein fester Tisch reserviert, sodass er niemals auf seine Leibspeise verzichten muss. Spätestens seit er mit seiner Familie in Österreich lebt, gehört ein vernünftiges Schnitzel zu seiner persönlichen Grundversorgung. Umso besser, dass Küchen-Chef Fritz Pichler auch Österreicher und für ihn diese Veranstaltung eine Herzensangelegenheit ist. Manchmal bringt er das Fleisch dafür sogar aus seiner heimatlichen Metzgerei mit an Bord, damit er seine Gäste, egal, wo auf der Welt, mit echten Wiener Schnitzeln (und allem, was dazugehört) verwöhnen kann.

Kürbiscremesuppe

~~~~~~~~~~~

FÜR 4 PERSONEN
500 g Hokkaido-Kürbis
1 Zwiebel
40 g Butterflocken
4 EL Mehl
500 ml Gemüsebrühe
1 EL Weißweinessig
150 g Sahne
½ TL Muskatnuss, gerieben
Meersalz
schwarzer Pfeffer
4 TL Kürbiskernöl, kalt gepresst

1 Den Kürbis halbieren und schälen. Die Kerne und Fasern entfernen, das Fruchtfleisch in kleine Würfel schneiden. Die Zwiebel schälen, klein hacken und in der Hälfte der Butter glasig andünsten. Die Kürbiswürfel dazugeben und kurz mitdünsten. Mit Mehl bestäuben und mit der Gemüsebrühe aufgießen.

2 Den Essig dazugeben und den Kürbis weich kochen. Die Sahne dazugeben und alles im Mixbecher oder mit dem Pürierstab mixen. Mit Muskatnuss, Meersalz und frisch gemahlenem schwarzem Pfeffer abschmecken. Die Suppe passieren und mit den restlichen Butterflocken nochmals aufmixen. Die Suppe in Tassen abfüllen und vor dem Servieren mit Kürbiskernöl beträufeln.

Wiener Schnitzel

mit Petersilienkartoffeln und Preiselbeeren

FÜR 4 PERSONEN

4 Kalbsschnitzel (aus der
Oberschale)
4 TL Salz
100 g Mehl (Type 405)
4 Eier
300 g Weißbrotbrösel
1,5 l Pflanzenöl
2 Zitronen
80 g Preiselbeermarmelade

2 EL Petersilie
500 g kleine Kartoffeln
10 g Butter
Salz

1 Das Schnitzelfleisch trocken tupfen, dünn klopfen und salzen. Im Mehl wenden, durch die verquirlten Eier ziehen und zum Schluss mit den Weißbrotbröseln panieren. Das Pflanzenöl in einer Pfanne erhitzen (170 °C) und das Schnitzel darin goldbraun backen. Das Schnitzel mit einem Küchentuch vorsichtig trocken tupfen und mit 1 Zitronenhälfte und der Preiselbeermarmelade servieren.

2 Für die Petersilienkartoffeln die Petersilie abbrausen und trocken schütteln, die Kartoffeln abwaschen, dann mit der Schale in Salzwasser weich kochen, kurz auskühlen lassen und schälen. Butter in einer Pfanne schmelzen und die Kartoffeln und gehackte Petersilie dazu geben. Kurz schwenken und mit Salz würzen.

Apfelstrudel Solo

mit Rumrosinen-Eis

〜〜〜〜〜

FÜR 4 PERSONEN

60 g Haselnusskerne, gemahlen
½ Bio-Zitrone
2 EL Zucker
4 EL Sahne
1 EL Rosinen

4 mittelgroße Äpfel
½ Zitrone, nur den Saft
250 g Blätterteig
1 Ei

4 Kugeln Rumrosinen-Eis
Puderzucker zum Bestreuen

1 Den Backofen auf 200 °C (Ober-/Unterhitze) vorheizen. Für die Nussfüllung die Haselnüsse, die abgeriebene Zitronenschale, den Zucker, die Sahne und die Rosinen mischen und in einen Spritzbeutel ohne Tülle füllen.

2 Äpfel schälen, Kerngehäuse großzügig entfernen, mit Zitronensaft beträufeln. Blätterteig auf ca. 2 mm dick quadratisch ausrollen und in 4 Qudrate von 17 x 17 cm schneiden. Äpfel bis 1 cm über den Rand mit der Nussmasse füllen und auf die Blätterteigquadrate stellen. Die Teigränder mit Wasser bestreichen. Die Teigecken nacheinander auf den Apfel legen, gut andrücken.

3 Das Ei verquirlen. Aus dem restlichen Teig 4 beliebige Formen von 4 cm Ø ausstechen, mit Wasser bestreichen, auf die Verschlussstelle legen und den Teig mit verquirltem Ei bestreichen.

4 Im vorgeheizten Backofen auf der mittleren Schiene 25 Min. backen. Herausnehmen, kurz abkühlen lassen, lauwarm mit Puderzucker bestreuen und mit Rumrosinen-Eis servieren.

Wiki Wiki Duck

Entenbrüste mit süßer Sojaglasur,
dazu Kokosspinat und Ananasreis

FÜR 4 PERSONEN
4 Entenbrüste
Salz
schwarzer Pfeffer
8 EL Sojasauce (Kikkoman)
2 Knoblauchzehen
2 EL brauner Zucker
1 TL Sambal oelek
2 Sternanis
4 EL Sesamöl

500 g frischer junger Blattspinat
2 Schalotten
2 Knoblauchzehen
2 EL Olivenöl
70 ml Kokosmilch
30 g Sahne
Salz / schwarzer Pfeffer

400 g Basmatireis
Salz
800 g Wasser
200 g Ananas
2 EL Butter
Chilisalz

1. Die Entenbrüste abwaschen, trocken tupfen, mit Salz und frisch gemahlenem schwarzem Pfeffer würzen und im Backofen bei 120 °C braten, bis sich das Fleisch vom Knochen löst. Vorsichtig die Knochen aus der Keule lösen und darauf achten, dass die Keulen nicht zerbrechen.

2. Sojasauce, die geschälten Knoblauchzehen, Zucker, Sambal oelek, Sternanis und Sesamöl zusammen aufkochen und etwas reduzieren lassen. Die Entenbrüste in einer Pfanne auf der Hautseite knusprig braten und umdrehen. Mit der Sojaglasur übergießen und im Backofen bei 200 °C ca. 10 Min. braten.

3. Den Spinat gut waschen und trocken schütteln. Schalotten und Knoblauch schälen und fein hacken. In einer hohen Pfanne mit Olivenöl leicht braun anschwitzen, die Spinatblätter dazugeben und kurz durchschwenken. Mit Kokosmilch und Sahne ablöschen und etwas einkochen lassen. Mit Salz und frisch gemahlenem schwarzem Pfeffer würzen.

4. Für den Ananasreis den Reis in ein Sieb geben und unter fließendem kaltem Wasser gut abwaschen. In leicht gesalzenem Wasser kalt aufstellen, einmal aufkochen und dann ca. 20 Min. zugedeckt köcheln lassen. Die Ananas schälen und in 0,5 cm große Würfel schneiden. In einer Pfanne mit Butter leicht anbraten, den Reis dazugeben und gut durchmischen. Mit Chilisalz würzen.

In der Hauptstadt Hawaiis geht es für den Kapitän in schwindelerregende Höhen! Morten Hansen erfüllt sich den lang gehegten Wunsch und wagt zum ersten Mal im Leben einen Fallschirmsprung. Der ansonsten abgeklärte, coole Norweger wirkt plötzlich doch etwas nervös, als ihm das Geschirr angelegt wird und er das kleine Flugzeug besteigt, mit dem er in den Himmel entschwindet. Ein Kamerateam begleitet ihn dabei, ein zweites wartet unten darauf, dass der Kapitän wohlbehalten zurück zur Erde kommt. Als Morten Hansen nach seinem Sprung vom strahlend blauen Himmel wieder festen Boden unter den Füßen hat, grinst er vor Glück wie ein Honigkuchenpferd. Noch heute gerät er ins Schwärmen, wenn er sich an diesen Moment der Schwerelosigkeit und Freiheit erinnert.

MS Artania in der Taio-
hae-Bucht vor Nuku Hiva,
Französisch-Polynesien

Südsee

Nuku Hiva

Papeete

Poisson Cru
Salat aus rohem Thunfisch

FÜR 4 PERSONEN
500 g Thunfischfilet (Sashimi-Qualität)
60 ml Kokosmilch
2 Limetten
2 Tomaten
½ Gurke
2 Frühlingszwiebeln
2 rote Chilischoten
Meersalz
weißer Pfeffer
1 Bund Koriander

1 Den Thunfisch kalt abwaschen und trocken tupfen, in ca. 1 cm große Würfel schneiden und in eine Schale geben. Die Kokosmilch und den frisch ausgepressten Saft der Limetten dazugeben und ca. 10 Min. ziehen lassen.

2 Die Tomaten waschen, entkernen und würfeln, die Gurke schälen, entkernen und würfeln, die Frühlingszwiebeln waschen und in feine Ringe schneiden, die Chilischoten waschen und fein hacken. Die Tomaten- und Gürkenwürfel, Zwiebelringe und Chili mit in die Schale geben. Mit Meersalz und frisch gemahlenem weißem Pfeffer würzen und im Kühlschrank mindestens 30 Min. kalt stellen.

3 Vor dem Servieren die Korianderblätter abbrausen, trocken schütteln, grob hacken und das Poisson Cru damit bestreuen.

Auf den ersten Blick erfüllt die Vulkaninsel Nuku Hiva mit ihren schwarzen Lavastränden nicht gerade das Klischee vom Südseeparadies. Doch bei genauerem Hinsehen entfaltet sich eine überwältigende Naturpracht mit herabstürzenden Wasserfällen und tropischen Wäldern. Küchen-Chef Fritz Pichler hat heute jedoch nur Augen für den frischen Fang, den ihm die einheimischen Fischer direkt auf der Hafenmole zum Kauf anbieten. Allein der Gelbflossen-Thunfisch ist eine wahre Delikatesse, die es in dieser frischen Qualität nur selten auf einen Teller schafft. Fritz Pichler probiert ihn roh, nur mit einem Schuss Limette, und ist vor lauter Begeisterung hin und weg. Am Ende kauft er über 700 Kilogramm Thunfisch und Zackenbarsche, die er bei einem polynesischen Fisch-Barbecue seinen Kreuzfahrtgästen am nächsten Abend servieren wird.

Chicken Fafa
Hähnchen mit Süßkartoffeln

FÜR 4 PERSONEN

4 Hähnchenbrüste
Salz
schwarzer Pfeffer
1 rote Zwiebel
4 EL Butter
2 Süßkartoffeln
2 Knoblauchzehen
200 g frische Spinatblätter
250 ml Hühnerbrühe
1 Chilischote
1 Limone
250 ml Kokosmilch

1 Von den Hähnchenbrüsten die Haut entfernen und das Fleisch in 2 cm große Stücke schneiden. Mit Salz und frisch gemahlenem schwarzem Pfeffer würzen.

2 Die rote Zwiebel schälen, in kleine Würfel schneiden und in 2 EL Butter goldbraun anrösten. Die gerösteten Zwiebeln aus der Pfanne nehmen und das Hähnchenfleisch mit der restlichen Butter in derselben Pfanne anrösten.

3 Die Süßkartoffeln schälen und in ca. 1 cm große Würfel schneiden. Knoblauch schälen und fein hacken. Den Blattspinat gut waschen und trocken schütteln.

4 Die Zwiebeln, den Knoblauch und die Süßkartoffeln in die Pfanne mit dazugeben. Mit der Hühnerbrühe auffüllen und leicht köcheln lassen, bis die Süßkartoffeln gar sind.

5 Die Chilischote waschen und fein hacken, Saft der Limone auspressen. Pfanne mit der Kokosmilch auffüllen, den frischen Blattspinat, die gehackte Chilischote und den Limettensaft dazugeben und ca. 10 Min. köcheln lassen.

Seit Beginn der Dreharbeiten zur sechsten Staffel von »Verrückt nach Meer« haben wir mit Elmar Mühlebach auf der Brücke der Grand Lady einen neuen Kapitän. Der sympathische Badener hat verständlicherweise einige Tage gebraucht, bis er sich an unser Kamerateam gewöhnt hat und es für ihn zur Routine wurde, sich ständig bei der Arbeit filmen zu lassen. So auch heute beim Einlaufen im Hafen von Papeete, seinem vorerst letzten Manöver, bevor er am nächsten Tag von Kapitän Hansen abgelöst wird. Für uns geht damit eine neue und gute Erfahrung zu Ende, denn für unsere Serie ist der Kapitän eine der wichtigsten Personen an Bord. Und es sorgt für Abwechslung, wenn wir auch auf dieser zentralen Position unseren Zuschauern immer wieder mal ein neues Gesicht und somit auch neue Geschichten präsentieren können.

AN BORD
WIENER KAFFEEHAUS

Roberta Rogošić ist auf MS Albatros die Patisserie-Chefin und somit verantwortlich für alles Süße an Bord. Private Landgänge unternimmt die gebürtige Kroatin eher selten, viel lieber bleibt sie auf dem Schiff und probiert neue Rezepte für zuckrige Köstlichkeiten aus. Wir treffen Roberta das erste Mal in der dritten Staffel von »Verrückt nach Meer«, und anfangs ist sie gegenüber der Kamera eher zurückhaltend und schüchtern. Das ändert sich aber, als sie unsere Küchenpraktikantin Lisa kennenlernt, die zur gleichen Zeit ihre ersten Schritte in der Bordküche unternimmt. Mit ihrer ansteckenden guten Laune und ihrem offenen Gemüt bildet Lisa zusammen mit Roberta rasch ein echtes Frauen-Power-Team, das auch vor der Kamera perfekt harmoniert und in der Männerdomäne Küche für viel frischen Wind sorgt. Lisa ist aber auch froh, in der Patisserie-Chefin eine mütterliche Freundin und Beschützerin zu finden. Nicht umsonst wird Roberta von allen Köchen respektvoll »Big Mama« genannt, und wer Sorgen hat, findet bei ihr immer ein offenes Ohr!

Für unsere Geschichten ist es jedenfalls ein echter Gewinn, zum ersten Mal in der Küche Frauen vor der Kamera zu haben. Die auch ansonsten stets freundlichen männlichen Köche sind plötzlich noch eine Spur freundlicher. Und Roberta bei der Arbeit zuzuschauen lässt unseren Kamerateams nicht selten das Wasser im Mund zusammenlaufen. Mit großer Leidenschaft versüßt sie den Passagieren die Zeit an Bord, wofür sie täglich allein 35 Kilogramm Zucker, 35 Kilogramm Mehl und etwa 60 Liter Sahne verbraucht. Hinzu kommen 100 Brote, 180 Croissants und mehr als 1500 Brötchen, die jeden Tag an Bord frisch gebacken werden. Und zur täglichen Kaffeestunde werden dann noch etwa 25 Torten, drei Kuchenbleche, süße Teilchen und Pralinen gereicht. Aber ihren großen Auftritt hat Roberta, wenn etwa einmal pro Reise das »Wiener Kaffeehaus« zelebriert wird, bei dem sie ihren Gästen ein kalorienreiches Potpourri an österreichischen Süßspeisen kredenzt. Die Patisserie-Chefin ist also durchaus mitverantwortlich für einiges an Hüftgold, das die Passagiere als Souvenir mit nach Hause bringen.

Topfenstrudel
mit Vanillesauce

FÜR 4 PERSONEN
500 g Topfen (Quark)
2 Eier
3 EL Rosinen
3 EL Rum
3 EL Zitronensaft
125 g Zucker
1 Prise Salz
1 Strudelteig (Kühlregal)

35 g Vanillepuddingpulver
50 g Zucker
500 ml Milch
1 Vanilleschote

1 Backofen auf 180 °C (Ober-/Unterhitze) vorheizen. Topfen, Eier, Rosinen, Rum, Zitronensaft, Zucker und 1 Prise Salz zu einer Creme verrühren.

2 Ein Backblech mit Backpapier auslegen und den Strudelteig darauf ausrollen. Die Masse auf den Teig streichen, den Teig zusammenrollen, die Enden gut andrücken. Den Strudel mit Wasser bestreichen und im Backofen in ca. 40 Min. goldbraun backen.

3 In der Zwischenzeit für die Vanillesauce das Puddingpulver mit Zucker und etwas Milch in einer Schale zu einer glatten Masse anrühren. Die restliche Milch mit der ausgekratzten Vanilleschote in einem Topf aufkochen, das Pudding-Milch-Gemisch einrühren und unter ständigem Rühren einmal aufkochen.

4 Den Strudel aus dem Ofen nehmen, etwas auskühlen lassen und in Stücke schneiden. Auf Tellern anrichten und mit etwas Vanillesauce begießen.

Fiaker Gugelhupf

Wiener Kaffeehaus-Gugelhupf

〜〜〜〜〜

FÜR 4 PERSONEN

220 g Butter (weich)
120 g Puderzucker (und etwas
zum Bestreuen)
45 g Stärkemehl
1 Vanilleschote
1 Prise Salz
2 EL Rum
5 Eigelb
220 g Mehl
2 TL Backpulver
60 g Rosinen (über Nacht in
Rum einlegen)
125 g Sahne
5 Eiweiß
100 g Kristallzucker

1 Backofen auf 170 °C (Ober-/Unterhitze) vorheizen. Eine Gugelhupfform fetten und mehlen.

2 Die zimmerwarme Butter, den Puderzucker, das Stärkemehl, das ausgekratzte Mark einer Vanilleschote, Salz und Rum flaumig rühren. Die Eigelbe nach und nach unterrühren. Mehl und Backpulver mischen und sieben, die Hälfte davon mit der Sahne in die Teigmasse rühren. Rosinen mit Küchenpapier abtrocknen und in Mehl wenden. Eiweiße mit Kristallzucker aufschlagen und mit dem restlichen Mehl abwechselnd unter den Teig heben. Rosinen zum Schluss leicht untermengen.

3 Die Masse in die gefettete Form geben und im Backofen 50–60 Min. backen. Nach dem Backen stürzen, etwas auskühlen lassen und kurz vor dem Servieren mit Puderzucker bestreuen.

Kaiserschmarrn
mit Zwetschgenröster

FÜR 4 PERSONEN
130 g Mehl
250 ml Milch
4 Eigelb
1 EL Vanillezucker
1 Prise Salz
4 Eiweiße
50 g Zucker
50 g Butter
50 g Rosinen (in Rum eingelegt)
30 g Zucker (zum Karamellisieren)

75 g Crème de Cassis
90 g Zucker
1 Zimtstange
1 Zitrone
500 g Zwetschgen
Puderzucker zum Bestreuen

1 Backofen auf 200 °C (Ober-/Unterhitze) vorheizen. Mehl, Milch, Eigelbe, Vanillezucker und Salz mit dem Schneebesen glatt rühren. Eiweiße mit dem Kristallzucker steif schlagen, dann vorsichtig unter den Teig heben.

2 Butter in einer ofenfesten Pfanne schmelzen, Masse eingießen, Rosinen darüberstreuen und im vorgeheiztem Backofen ca. 10 Min. backen, danach in Viertel teilen, wenden und nochmals 10 Min. fertig backen. Mit einer Gabel in Stücke teilen, mit Kristallzucker bestreuen und im Ofen kurz karamellisieren lassen.

3 Die Zwetschgen waschen, trocken tupfen, entkernen und halbieren. Crème de Cassis, Zucker, Zimstange und frisch gepressten Zitronensaft aufkochen, die Zwetschgen dazugeben und unter ständigem Rühren so lang aufkochen, bis die Früchte weich sind. Die Gewürze entfernen, wenn die Zwetschgen die gewünschte Konsistenz erreicht haben.

4 Kaiserschmarren auf Teller anrichten, den Zwetschgenröster dazugeben und mit etwas Puderzucker bestreuen.

MS Albatros in Sydney, Australien

Surf 'n' Turf

Gegrilltes Rindersteak mit Garnelen

FÜR 4 PERSONEN

4 Ribeye Steaks, á 300 g
Meersalz
schwarzer Pfeffer

4 Riesengarnelen der Größe 6–8,
ohne Schale und geputzt
Meersalz
Zitronenpfeffer
2 EL Knoblauch-Olivenöl
4 EL braune Butter

1 Die Steaks trocken tupfen, mit Meersalz und geschrotetem schwarzem Pfeffer würzen. In einer Grillpfanne bis zur gewünschten Garstufe braten und anschließend im Backofen bei 70 °C einige Min. ruhen lassen.

2 Die Garnelen mit Meersalz und Zitronenpfeffer würzen. Das Knoblauch-Olivenöl in einer Pfanne erhitzen und die Garnelen darin braten.

3 Die Butter langsam erhitzen, bis das restliche Wasser verdampft ist und sich keine Bläschen mehr bilden.

4 Vor dem Anrichten die Steaks mit der braunen Butter bestreichen.

BEILAGENTIPP

Als Beilage empfehlen sich frisches Buttergemüse und eine Ofenkartoffel mit Schmand.

Küchenpraktikant Markus freut sich darauf, am Nachmittag das erste Mal seit drei Wochen privat von Bord gehen zu dürfen und wenigstens einen kurzen Blick auf Sydney werfen zu können. Bis dahin muss er aber noch in der Küche richtig schuften. Denn die Praktikanten, die wir für »Verrückt nach Meer« an Bord haben, sind keine Schauspieler, die nur arbeiten, wenn die Kamera läuft. Sie alle, ob in der Küche, im Hotel oder Reiseleiter-Team, haben einen Arbeitsvertrag mit dem Reiseveranstalter und müssen das gleiche Arbeitspensum verrichten wie jedes andere Crew-Mitglied auch. Die meisten, so auch Markus, kommen dabei ganz schön ins Schwitzen, weil die Arbeit anstrengend und anspruchsvoll ist. Aber sie können während ihrer Zeit an Bord viele besondere Orte sehen, so wie in diesem Fall Sydney. Und das ist auch für Markus eine echte Belohnung. Spätestens als er zusammen mit Hotelpraktikantin Ella am Strand liegt, sind die Strapazen der Küchenarbeit erst einmal vergessen.

Pavlova

Baisertorte mit Sahne und Früchten

FÜR 4 PERSONEN
4 Eiweiß
280 g Zucker
1 Pck. Vanillezucker
1 TL Essig
1 TL Speisestärke
Erdbeeren oder gemischte Früchte
der Saison
frische Minze
1 Becher Schlagsahne (200 g)

1 Den backofen auf 180 °C (Ober-/Unterhitze) vorheizen. Die Eiweiße in einer fettfreien Schüssel zusammen mit Zucker und Vanillezucker steif schlagen. Essig und Speisestärke vorsichtig unterheben und noch mal ganz kurz schlagen. Die Baisermasse sollte gut fest sein, aber noch glänzen. Die Masse auf ein gefettetes Backblech geben und zu einem 4 cm hohen Kreis formen, die Oberfläche etwas glatt streichen. Die Pavlova in den Backofen schieben und die Temperatur auf 100 °C zurückschalten.

2 Im Backofen 1 Std. backen, anschließend die Ofentür öffnen und die Pavlova bei geöffneter Tür auskühlen lassen. Ganz wichtig ist, dass die Baisermasse von außen knusprig wird und von innen weich ist.

3 Die Früchte waschen und trocken tupfen, die Minze abbrausen und trocken schütteln. Kurz vor dem Servieren die Schlagsahne steif schlagen, auf die Pavlova geben und mit mundgerechten Früchten und frischer Minze garnieren.

In Auckland findet ein Passagierwechsel statt. Für Kreuzfahrtdirektor Thomas Gleiß bedeutet das, Hunderte Gäste persönlich zu verabschieden und nur kurze Zeit später die Neuankömmlinge an der Gangway zu begrüßen. Doch diesmal ist er mit seinen Gedanken in erster Linie bei einem sehr persönlichen Abschied: Seine Frau Katrin und sein Sohn Lio verlassen das Schiff und fliegen zurück nach Deutschland. Auch wenn die Familie im Abschiednehmen geübt ist, fällt es ihr jedes Mal aufs Neue schwer, für lange Zeit Adieu zu sagen. Das gilt nicht nur für den Kreuzfahrtdirektor, sondern für die meisten der 500 Crew-Mitglieder, die ständig von ihren Liebsten zu Hause oft monatelang getrennt sind. Selbst für uns als Fernsehteam, die wir manchmal auch bis zu vier Wochen auf dem Schiff unterwegs sind, ist es nicht immer leicht, so lang von zu Hause wegzubleiben. Weshalb wir beim Abschied von Thomas Gleiß und seiner Familie sehr gut nachvollziehen können, wie schmerzhaft dieser Moment gerade ist.

Der Hafen von Singapur

Auf MS Albatros arbeiten Crew-Mitglieder aus über 23 verschiedenen Nationen. Trotz aller kultureller Unterschiede bilden sie an Bord eine echte Gemeinschaft. Auch der norwegische Kapitän Hansen pflegt zu vielen seiner Mitarbeiter ein persönliches Verhältnis. Einer von ihnen ist der indonesische Barkeeper Darma, der mit seiner Familie in einem kleinen Dorf auf Bali lebt. Als MS Albatros dort 2010 festmacht, lädt er Morten Hansen zu sich nach Hause ein. Der Kapitän weiß das sehr zu schätzen und ist gerührt, einen so intimen Einblick in die balinesische Kultur und das private Familienleben seines indonesischen Kollegen zu bekommen. Selbst nach Jahrzehnten auf See sind es auch solche Erlebnisse, die den Job für den Kapitän nach wie vor so faszinierend machen.

Saté Lilit

Garnelen-Zitronengras-Spießchen

FÜR 4 PERSONEN

1 kg Garnelen der Größe 16–20,
ohne Schale und Darm
100 g Kokosraspel

8 Schalotten
2 Knoblauchzehen
50 g Galgant (Thai-Ingwer)
2 Chilischoten
1 Stängel Zitronengras, nur das
weiße Stück
6 Limettenblätter
2 EL Palmzucker
1 TL Korianderpulver
1 TL Kurkuma, gemahlen
(Gelbwurzpulver)

4 EL Pflanzenöl / 2 Eier
Salz / schwarzer Pfeffer

8 Stängel Zitronengras, nur das
weiße Stück
4 EL Pflanzenöl

500 g grüne Bohnen
4 Schalotten / 3 Knoblauchzehen
2 Chilischoten
4 EL Olivenöl
100 g Kokosraspel
4 EL Limettensaft
Salz / schwarzer Pfeffer

2 EL Limettensaft
4 EL Koriander

1 Die Garnelen kalt abwaschen, trocken tupfen, in kleine Stücke schneiden und zusammen mit den Kokosraspeln im Mixer fein pürieren.

2 Schalotten und Knoblauch schälen. Galgant, Chili, alle 9 Zitronengrasstängel und Limettenblätter abbrausen und trocken tupfen, 1 Zitronengrasstängel fein schneiden. Das geschnittene Zitronengras, die Schalotten, den Knoblauch, Galgant und die Chilischoten mit Palmzucker, Korianderpulver und Kurkuma im Mixer fein pürieren, bis eine Paste entsteht.

3 Pflanzenöl in einer Pfanne erhitzen, die Paste darin anrösten und anschließend auskühlen lassen. Garnelen-Farce, Würzpaste und Eier zusammenmischen und mit Salz und frisch gemahlenem schwarzem Pfeffer würzen.

4 Aus der fertigen Masse mit der Hand kleine Frikadellen formen, die 8 verbliebenen Zitronengrasstängel mit dem dicken Ende darin einschlagen und etwas flach drücken.

5 Pflanzenöl in einer Pfanne erhitzen und die fertigen Saté-Spieße darin braten.

6 Für den Bohnensalat die grünen Bohnen waschen, in Salzwasser weich kochen und in Eiswasser abschrecken. Schalotten schälen, in feine Ringe schneiden, Knoblauch schälen, Chili waschen und beides fein hacken. Alles in Olivenöl anbraten und zu den Bohnen geben. Kokosraspel und Limettensaft dazugeben und abmischen. Mit Salz und frisch gemahlenem schwarzem Pfeffer würzen.

7 Den Salat auf einer Porzellanplatte verteilen und die frisch gebratenen Saté darauf legen. Mit frischem Limettensaft beträufeln und grob gehacktem Koriandergrün bestreuen.

Mie Goreng

Indonesische Bratnudeln mit Hähnchen

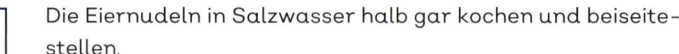

FÜR 4 PERSONEN

600 g Asia Egg Noodles (Eiernudeln)
200 g Hähnchenbrust
4 Schalotten
2 Knoblauchzehen
2 TL Shrimpspaste
100 ml Hähnchenfond
80 g Karotten
80 g Chinakohl
4 TL Kecap Manis (süße Sojasauce)
2 TL Sambal Trassi (indonesische Chilipaste)
schwarzer Pfeffer

4 TL Sesamöl
1 Frühlingszwiebel
4 Chilischoten und 4 Korianderstängel zum Garnieren
200 g Krupuk (Garnelenchips)

1 Die Eiernudeln in Salzwasser halb gar kochen und beiseitestellen.

2 Das Hähnchenfleisch kalt abwaschen und trocken tupfen, in 1,5 cm große Würfel schneiden. Die Schalotten schälen, in feine Ringe schneiden und zusammen mit dem geschälten und dann durchgepressten Knoblauch und dem Hähnchen scharf anrösten. Die Shrimpspaste dazugeben und kurz weiter anrösten.

3 Mit Hähnchenfond ablöschen und die Nudeln dazugeben. Die Karotten schälen und in feine Streifen und den gewaschenen Chinakohl in 2 cm große Stücke schneiden und ebenfalls zu den Nudeln geben. Kecap Manis und Sambal Trassi dazugeben und köcheln lassen, bis die Nudeln gar sind. Mit Meersalz und frisch gemahlenem schwarzem Pfeffer nach Belieben abschmecken.

4 Das fertige Nudelgericht in einem tiefen Teller anrichten und mit etwas Sesamöl beträufeln. Frühlingszwiebel, Chilischoten und Koriander abbrausen und trocken schütteln. Alles fein schneiden, über die Nudeln geben und mit Garnelenchips garnieren.

Die Grand Lady ankert vor Sabang in Indonesien. Gemeinsam mit einem Kamerateam begeben sich Küchen-Chef Christian Jüngling und seine Praktikantin Agnes auf eine kulinarische Entdeckungsreise. Inmitten der paradiesischen Landschaft, direkt am Strand, erwartet sie eine bunte Bretterbude, in der Mama Jungle nach guter, alter Tradition indonesisch kocht. Da Christian Jüngling für diesen Abend ein indonesisches Themenessen auf dem Schiff geplant hat, verspricht er sich von Mama Jungle die ein oder andere Inspiration. Sie kocht ein Hähnchen-Curry, und ihre beiden Gäste helfen selbstverständlich mit, wobei Christian Jüngling ihr neugierig über die Schulter schaut. Das duftende, aromatische Mittagessen genießen sie dann mit Blick aufs offene Meer. Kaum ist der Teller leer, muss der Küchen-Chef zurück an Bord, wo er dann selbst indonesisch kochen wird. Die Herausforderung: etwas Exotisches für die Passagiere so zuzubereiten, dass ein authentischer Eindruck von landestypischer Küche vermittelt wird, ohne zu scharf oder extravagant zu würzen.

Als die Grand Lady 2016 Manila ansteuert, fiebern diesem Reiseziel ausnahmsweise die Crew-Mitglieder mehr entgegen als die Passagiere! Auf MS Artania arbeiten etwa 350 Filipinos, die heute nach vielen Monaten das erste Mal ihre Liebsten wiedersehen. Kaum sind die Leinen fest, fließen auf der Pier unzählige Freudentränen, als sich Hunderte Paare und Familien in die Arme fallen. Damit die Filipinos diesen Tag in vollen Zügen genießen können, sind alle ihre Angehörigen heute zu einer großen Party auf dem Schiff eingeladen! Küchen-Chef Christian Jüngling hat dafür extra ein philippinisches Buffet zubereitet. Obwohl er dafür allein acht Spanferkel gegrillt hat, ist der Ansturm so groß, dass bereits nach kurzer Zeit nichts mehr übrig ist. Immerhin feiern seine philippinischen Kollegen auf dem Lido-Deck mit über 1300 Angehörigen! Doch auch der schönste Tag geht einmal vorüber, und das Schiff verlässt am Abend den Hafen von Manila. Es wird wieder lang dauern, bis sich die Familien das nächste Mal sehen. Das ist der hohe Preis, den nicht nur die Filipinos, sondern auch alle anderen Crew-Mitglieder für ihre Arbeit auf einem Kreuzfahrtschiff bezahlen müssen.

Bistek Tagalog
Rinderfilet in Sojasauce mit Bratreis

FÜR 4 PERSONEN
800 g Rinderfilet
1 EL Limettensaft
8 EL Sojasauce
1 TL schwarzer Pfeffer
Salz
2 Zwiebeln
4 EL Pflanzenöl
4 Knoblauchzehen

100 g Karotten
100 g Staudensellerie
3 Eier
4 Pflanzenöl
500 g gekochter Langkornreis
2 EL Sesamöl
Salz
schwarzer Pfeffer
100 g Erbsen (aus der Dose)

Sommerlauch, Chilischoten und
gehackte Erdnüsse zum Bestreuen

1 Das Rinderfilet trocken tupfen, in 0,5 cm dünne Scheiben schneiden und mit Limettensaft, Sojasauce, frisch gemahlenem schwarzem Pfeffer und Salz marinieren. Mit Frischhaltefolie direkt abdecken und ca. 1 Std. im Kühlschrank ziehen lassen.

2 Die Zwiebeln schälen und in 0,5 cm dünne Ringe schneiden. Das Pflanzenöl in einer Pfanne erhitzen und die Zwiebelringe darin glasig anbraten.

3 Die Zwiebelringe aus der Pfanne nehmen und das marinierte Rinderfilet in derselben Pfanne auf beiden Seiten braten und anschließend beiseitestellen.

4 Den Knoblauch schälen, fein hacken und in der gleichen Pfanne goldgelb anbraten. Das Rinderfilet und die Zwiebelringe dazugeben, mit der restlichen Marinade übergießen und einige Min. leicht köcheln lassen.

5 Für den Bratreis Karotten schälen und den Staudensellerie waschen und trocken tupfen. Die Karotten und den Staudensellerie in kleine Würfel schneiden und in Salzwasser gar kochen.

6 Die Eier verquirlen, Pflanzenöl in einer Pfanne erhitzen und ein Omelett zubereiten. Das Omelett aus der Pfanne nehmen und auskühlen lassen. Das kalte Omelett zusammenrollen und in feine Streifen schneiden.

7 In derselben Pfanne die Karotten- und Selleriewürfel leicht anbraten und den gekochten Reis dazugeben. Das Sesamöl dazugeben und mit Salz und frisch gemahlenem schwarzem Pfeffer würzen. Zum Schluss die Omelettstreifen und Erbsen dazugeben und vorsichtig untermischen.

8 Das Rinderfilet zusammen mit dem Bratreis auf einem vorgewärmten Teller anrichten und mit fein geschnittenem Sommerlauch, Chilischoten und gehackten Erdnüssen bestreuen.

Tang Cu Yu

Gebackener Fisch süß & sauer

FÜR 4 PERSONEN

800 g Barschfilet, ohne Haut
und Gräten
Salz
Pfeffer
2 EL Limettensaft
4 EL Maisstärke
2 EL Sojasauce
1 TL Sambal oelek
1 EL Sesamöl
2 Eier

1 Zwiebel
2 Knoblauchzehen
1 Chilischote
2 EL Pflanzenöl
2 EL Tomatenmark
2 EL Zucker
100 ml Hühnerbrühe
50 ml Ananassaft
2 EL Sojasauce
2 EL Essig
1 EL Maisstärke

750 ml Pflanzenöl zum Frittieren

2 Frühlingszwiebeln
4 Ananasscheiben
2 EL Sesamöl
100 g TK-Erbsen
2 TL Sesam, geröstet

1 Das Barschfilet abbrausen und trocken tupfen, in ca. 2 cm große Stücke schneiden und mit Salz, frisch gemahlenem Pfeffer und Limettensaft würzen. Maisstärke, Sojasauce, Sambal oelek, Sesamöl und verquirlte Eier zu einer Marinade verrühren und die Fischstücke darin einlegen.

2 Zwiebel, Knoblauch schälen, Chilischote waschen, alles fein hacken und in Pflanzenöl anschwitzen. Tomatenmark und Zucker unterrühren. Hühnerbrühe, Ananassaft, Sojasauce und Essig dazu geben und langsam zum Köcheln bringen. Maisstärke mit Wasser glatt rühren und die kochende Sauce damit binden.

3 In einem hohen Topf Pflanzenöl auf 180 °C erhitzen und die marinierten Fischstücke darin goldgelb und knusprig frittieren. Die frittierten Fischstücke abtropfen lassen und in die fertige Sauce geben.

4 Frühlingszwiebeln abbrausen, trocken schütteln und in feine Ringe, die Ananas in ca. 0,5 cm kleine Würfel schneiden. Sesamöl in einer Pfanne erhitzen und Frühlingszwiebeln, Ananaswürfel und die TK-Erbsen darin kurz glasieren.

5 Den Fisch in der Sauce zusammen mit gedämpftem Reis auf vorgewärmten Tellern anrichten. Die Frühlingszwiebel-Ananas-Erbsen-Salsa auf dem Fisch verteilen und alles mit gerröstetem Sesam bestreuen.

6 Den Fisch auf gedämpftem Basmatireis anrichten und servieren.

Shanghai ist für Küchen-Chef Christian Jüngling eine riesige kulinarische Spielwiese, weil sich hier so viele Kulturen Asiens auch in den Kochtöpfen widerspiegeln. Da er immer offen für Neues ist, lässt er sich zusammen mit dem für die Logistik der Speisen und Getränke an Bord verantwortlichen F&B-Manager Thomas Krobath in die Geheimnisse von Dim Sums einweisen. Das sind mit Gemüse, Fleisch oder Fisch gefüllte Teigtaschen. Im Stadtteil Pixi reicht ihnen ein chinesischer Koch einige Dim Sums zum Probieren. Vor allem die mit Suppe gefüllte Variante schmeckt besonders gut. Nun bekommen die beiden noch im Schnellkurs beigebracht, wie die Teigtaschen herzustellen sind. Es ist nur eine Frage der Zeit, bis auch die Passagiere an Bord die ersten Dim Sums vorgesetzt bekommen.

Bánh Xèo

Vietnamesische Crêpes mit Schweinefleisch & Shrimps

FÜR 4 PERSONEN
100 g Reismehl
½ TL Salz
¼ TL Kurkuma, gemahlen
(Gelbwurzpulver)
150 ml Kokosmilch / 200 ml Wasser

8 EL Pflanzenöl
100 g Hackfleisch vom Schweinenacken
100 g Shrimps, ohne Schale und geputzt
1 Chilischote
2 Frühlingszwiebeln
80 g Bohnensprossen

60 g Zucker
150 ml lauwarmes Wasser
80 ml Reisessig
50 ml Fischsauce (Nan Plah)
4 EL Limettensaft
2 Knoblauchzehen / 2 Chilischoten

4 Stängel Thai-Basilikum
1 Schale Schwarznesselblätter
1 Kopfsalat

1 Reismehl, Salz, Kurkuma, Kokosmilch und Wasser mit dem Schneebesen zu einem glatten Crêpe-Teig verrühren und im Kühlschrank ca. 30 Min. ruhen lassen.

2 Pflanzenöl in einer Omelettpfanne (20 cm Ø) erhitzen und je ein Viertel der Mengen von Hackfleisch, Shrimps, fein gehackter Chilischote und fein gehackter Frühlingszwiebeln darin anbraten. Ein Viertel der Crêpe-Teig-Menge darübergeben und dabei die Pfanne etwas drehen, damit sich der Teig in der Pfanne verteilt. 20 g Bohnensprossen darüber verteilen, auf beiden Seiten goldgelb braten und vor dem Servieren zur Hälfte falten. Auf diese Weise 4 Crêpes herstellen.

3 Für die Nuoc-Cham-Sauce den Zucker im lauwarmen Wasser auflösen. Reisessig, Fischsauce, Limettensaft, fein gehackten Knoblauch und in Ringe geschnittene Chilischoten dazugeben und verrühren.

4 Die Crêpes zusammen mit der Nuoc-Cham-Sauce, dem Thai-Basilikum, den Schwarznesselblättern und dem Kopfsalat auf lauwarmen Tellern anrichten. Klassisch werden die Crêpes in kleine Stücke gerissen und zusammen mit Thai-Basilikum und Schwarznesselblättern in Kopfsalatblätter eingewickelt und in die Sauce getunkt.

Einst als »Nizza des Ostens« bezeichnet, ist Nha Trang auch heute noch berühmt für seine kilometerlange Strandpromenade und artenreiche Tauchgebiete. Küchen-Chef Christian Jüngling zieht es aber nicht ans Wasser, sondern, begleitet von unserem Kamerateam, auf den örtlichen Markt. Er braucht frische Kräuter und Gemüse für die asiatischen Menüs, die er an Bord zubereiten möchte. Die Lagerräume der Grand Lady sind zwar prall gefüllt, doch landestypische Lebensmittel werden jeweils vor Ort zugekauft. Der Cham-Dam-Markt im Herzen Nha Trangs empfängt Christian Jüngling mit seinem großen exotischen Angebot. Kurz überlegt er sogar, ob er Frösche kaufen soll, aber so sehr möchte er die Experimentierfreude der Kreuzfahrtgäste dann doch nicht strapazieren.

Singapur

Sambal Udang

*Garnelen mit Sambalpaste
mit Chinakohl und Basmatireis*

FÜR 4 PERSONEN
2 Zwiebeln
4 Knoblauchzehen
3 Stängel Zitronengras, nur den
weißen Teil
3 scharfe Chilischoten
1 EL Ingwer
2 TL Shrimpspaste

4 EL Pflanzenöl
32 Garnelen der Größe 6–8, geschält
und geputzt
½ TL Kurkuma, gemahlen
(Gelbwurzpulver)
150 ml Gemüsebrühe
2 EL Sojasauce
1 TL Fischsauce / 1 EL brauner Zucker

800 g Chinakohl
2 EL Sesamöl
4 EL Sojasauce
2 EL Honig
1 EL weißer gerösteter Sesam

400 g Basmatireis
800 g Wasser
1 EL Salz
Frühlingszwiebeln zum Bestreuen

1. Zwiebeln und Knoblauch schälen, Zitronengras und Chilischoten waschen, Ingwer fein hacken. Zwiebeln, Knoblauch, Zitronengras, Ingwer, Chilischoten und Shrimpspaste im Mixbecher fein pürieren.

2. In einer Pfanne Pflanzenöl erhitzen und die leicht gesalzenen Garnelen darin scharf anbraten. Kurkuma dazugeben und kurz rösten. Das Gewürzpüree dazugeben, kurz rösten und mit der Gemüsebrühe ablöschen. Sojasauce, Fischsauce und Zucker dazugeben und bei geringer Hitze köcheln lassen, bis die Garnelen gar, aber noch glasig und knackig sind.

3. Die gewaschenen Chinakohlblätter in ca. 3 cm große Stücke schneiden. Das Sesamöl in einer Pfanne erhitzen und den Chinakohl darin scharf anbraten. Mit der Sojasauce ablöschen und Honig und Sesam dazugeben.

4. Für den Basmatireis den Reis in ein Sieb geben und unter kaltem Wasser gut abwaschen. In leicht gesalzenem Wasser kalt aufstellen, einmal aufkochen und dann ca. 20 Min. zugedeckt köcheln lassen. Den Topf vom Herd nehmen und den weich gekochten Reis darin einige Min. ausdämpfen lassen.

5. Die Garnelen auf einer vorgewärmten Platte servieren und mit dem fein geschnittenen Frühlingszwiebeln bestreuen. Den Chinakohl und Basmatireis extra dazu reichen.

Nachdem wir die ersten 80 Folgen unserer Doku-Serie auf der Weißen Lady MS Albatros produziert haben, wechseln wir im Januar 2012 in Singapur auf die wesentlich größere MS Artania. Auch für Kapitän Morten Hansen stellt das eine neue Herausforderung dar. Bislang hatte er noch kein Kommando über ein so großes Kreuzfahrtschiff. Doch bevor wir mit ihm auf der Grand Lady in See stechen, besucht Morten Hansen in Singapur die norwegische Seefahrerkirche. Hier kann er mit Kollegen in seiner Heimatsprache plaudern und bekommt norwegische Waffeln serviert, die ihn an seine Kindheit erinnern. Als wäre das für einen Tag nicht genug an heimatlichen Gefühlen, besucht der Kapitän danach in China Town einen österreichischen Würstlstand! Seit vielen Jahren lebt er mit seiner Familie im Burgenland und freut sich daher, auch fernab von zu Hause eine echte Käsekrainer zu essen. Wir bleiben lieber hungrig, weil wir viel zu neugierig sind, was uns die Bordküche an unserem ersten Abend auf der Grand Lady servieren wird.

Laksa
Würzige Hühner-Kokos-Suppe mit Ei

FÜR 4 PERSONEN

500 g Hühnerbrust, ohne Haut
Salz
schwarzer Pfeffer
4 EL Erdnussöl
1 Zwiebel
2 Knoblauchzehen
1 rote Chilischote
1 Stängel Zitronengras
1 EL Shrimpspaste
2 TL Kurkuma, gemahlen
(Gelbwurzpulver)
200 ml Kokosmilch
800 ml Hühnerbrühe
2 Limettenblätter
2 Eier
1 Frühlingszwiebel
4 TL Sesamöl

1 Die Hühnerbrust abbrausen, trocken tupfen, mit Salz und frisch gemahlenem schwarzem Pfeffer würzen, in 2 EL Erdnussöl scharf anbraten und im vorgeheizten Backofen bei 180 °C ca. 10–12 Min. garen. Die Hühnerbrust auskühlen lassen und in feine Streifen schneiden.

2 Zwiebel und Knoblauch schälen, Chilischote und Zitronengras waschen und trocken tupfen, alles fein hacken und mit Shrimpspaste, Kurkuma und 100 ml Kokosmilch pürieren. Die Masse in 2 EL Erdnussöl leicht anrösten und mit der Hühnerbrühe und der restlichen Kokosmilch ablöschen. Die Limettenblätter waschen, trocken tupfen und dazugeben und ca. 20 Min. köcheln lassen. Die Eier verquirlen und mit einem Schneebesen in die kochende Suppe einrühren. Die Suppe mit Salz und frisch gemahlenem schwarzem Pfeffer abschmecken.

3 Vor dem Servieren die in Streifen geschnittene Hühnerbrust dazugeben. In vorgewärmten Tassen anrichten und mit der fein geschnittenen Frühlingszwiebel und dem Sesamöl garnieren.

Es erfordert Neugier, Vorsicht und Mut, sich in exotischen Ländern durch die lokale Küche zu probieren. Oft lassen die hygienischen Zustände zu wünschen übrig, oder aber Gerichte enthalten Zutaten, die unsere Wohlstandsmägen nicht vertragen. Trotzdem reizt es viele Kreuzfahrer, fremde Speisen wenigstens zu kosten. So auch in Malakka, wo Chinesen und Malaien ihre Rezepte gemischt und eine einzigartige Küche hervorgebracht haben. Passagiere, die wir mit der Kamera hier auf Landgang begleiten, probieren das palmzuckersüße Dessert Chendol. Ihrer kritischen Reaktion nach zu urteilen ist es nicht verwunderlich, als eine von ihnen am Abend über ein leichtes Unwohlsein klagt. Auch unser Tonmann, der ebenfalls das Chendol probiert hat, fühlt ein unangenehmes Kribbeln in der Magengegend. Die Ursache können wir nicht mehr ergründen, aber beide bleiben glücklicherweise gesund. Ob sie im nächsten Hafen wieder so experimentierfreudig waren, ist leider nicht bekannt.

Egg Curry
Frittierte Eier in Currysauce

FÜR 4 PERSONEN

3 EL Erdnussöl
½ EL Kreuzkümmelsamen
½ EL Senfkörner
2 Zwiebeln / 2 grüne Chilischoten
30 g Ingwer / 10 Curryblätter
250 ml Flaschentomaten, püriert
1 TL rotes Chilipulver
½ EL Kurkuma, gemahlen
(Gelbwurzpulver)
½ TL Koriander, gemahlen
½ TL Kreuzkümmel, gemahlen
1 EL Salz / ½ EL schwarzer Pfeffer
500 ml Gemüsebrühe
200 ml Kokosmilch

8 Eier
4 EL Erdnussöl
½ TL Kurkuma, gemahlen
(Gelbwurzpulver)
½ TL rotes Chilipulver
½ TL Koriander, gemahlen
2 EL Korianderblätter

1 Das Erdnussöl in einem Topf erhitzen und die Kreuzkümmelsamen und Senfkörner darin anrösten. Zwiebeln schälen, Chili, Ingwer und Curryblätter abbrausen und trocken tupfen. Zwiebeln, Chili und Ingwer fein hacken und mit den Curryblättern in den Topf geben und köcheln lassen, bis die Zwiebeln weich sind.

2 Mit den Flaschentomaten auffüllen und Chilipulver, Gelbwurzpulver, Korianderpulver, Kreuzkümmelpulver, Salz und frisch gemahlenen schwarzem Pfeffer dazu geben und 10 Min. leicht köcheln.

3 Die Gemüsebrühe und Kokosmilch dazu geben und weitere 15 Min. leicht köcheln.

4 Die Eier 8 Min. kochen, kalt abschrecken und schälen. Erdnussöl in einer Pfanne erhitzen und Kurkuma, Chilipulver und Korianderpulver darin kurz anrösten. Die Eier dazu geben und im Gewürzöl goldgelb frittieren.

5 Die Eier zusammen mit der Sauce in vorgewärmten tiefen Tellern anrichten und mit gehackten Korianderblättern bestreuen.

In Colombo möchte Passagier Lukas seine Freundin Daniela mit einem Heiratsantrag überraschen, und wir sind mit der Kamera dabei. Der unvergessliche Moment findet an einem Traumstrand an der malerischen Westküste Sri Lankas statt. Dorthin bringt die Crew Tisch und Stühle und das Show-Ensemble, und zwei Kellner der Grand Lady verstecken sich in einer nahen Holzhütte. Als Lukas mit seiner Daniela an den Strand kommt, ahnt die 26-Jährige nicht, was auf sie zukommt. Kaum sitzt sie mit ihrem Lukas am Meer, hält er auch schon aufgeregt um ihre Hand an. Im selben Moment treten die Sänger und Kellner hervor und überraschen das verliebte Paar mit Gesang, Champagner und einem großen Herz aus Rosenblüten. Daniela ist überwältigt, sagt »Ja«, und als die beiden sich küssen, versinkt hinter ihnen die Sonne im Meer. Dieser unglaublich romantische Moment gehört bis heute zu den bewegendsten, die wir jemals für »Verrückt nach Meer« gedreht haben.

Am Seetag, bevor MS Albatros Mumbai anlaufen wird, erhält Küchenpraktikant Markus die Aufgabe, den Passagieren auf dem Lido Deck eine indische Reispfanne zu servieren. Der 24-Jährige ist von seinem Ausbildungsbetrieb in Erfurt keinen persönlichen Kontakt mit Gästen gewohnt. Für den eher schüchternen Markus also eine echte Herausforderung, zudem wird er von seinem Chef angehalten, den Gästen die Reispfanne auch verbal schmackhaft zu machen. Für unsere Doku-Serie ist es spannend zu beobachten, wie er solche Situationen meistert, bestenfalls an ihnen wächst und während seiner Zeit an Bord erwachsener und selbstsicherer wird. Die Arbeit auf dem Schiff, vor allem in der Küche, mag hart sein. Aber für alle Praktikanten ist sie auch eine gute Schule fürs Leben gewesen.

Chicken Tikka Masala

Hühnchen mit Joghurt und Gewürzen

FÜR 4 PERSONEN
800 g Hühnerbrust
Salz
schwarzer Pfeffer
300 ml Joghurt

1 Aubergine
2 Zwiebeln
3 Knoblauchzehen
4 EL Pflanzenöl
50 g Tikka-Gewürzpaste
1 Zimtstange
1 Chilischote
3 Limettenblätter
500 ml passierte Tomaten

300 ml Milch
5 EL Zucker
4 TL Trockenhefe
1 kg Mehl
Salz
2 TL Backpulver
2 Eier
4 EL Pflanzenöl

4 EL Koriander
4 TL Sesamöl

1 Die Hühnerbrüste abbrausen und trocken tupfen, in ca. 2 cm große Stücke schneiden, mit Salz und frisch gemahlenem schwarzem Pfeffer würzen. Mit dem Joghurt marinieren und 4 Std. im Kühlschrank ziehen lassen. Anschließend die Hühnerbrust aus der Marinade nehmen und trocken tupfen.

2 Aubergine waschen und in ca. 2 cm große Stücke schneiden. Zwiebeln und Knoblauch schälen, fein schneiden und zusammen mit der Hühnerbrust in einer Pfanne mit Pflanzenöl anrösten. Tikka-Gewürzpaste dazugeben und 1 Minute weiterrösten. Chilischote und Limettenblätter waschen und trocken tupfen. Auberginen, Zimtstange, Chilischote und Limettenblätter dazugeben, mit den passierten Tomaten ablöschen und ca. 15 Min. köcheln lassen.

3 Für das Naan-Brot die Milch, ½ EL Zucker und Hefe zusammenrühren und bei Zimmertemperatur ruhen lassen, bis sich die Hefe aufgelöst hat. Mehl, Salz, Backpulver und den restlichen Zucker in eine große Schüssel geben. Hefeansatz, Eier und Pflanzenöl dazugeben und alles ca. 10 Min. zu einem geschmeidigen und glatten Teig kneten. Den Teig zugedeckt bei Zimmertemperatur ca. 1 Std. ruhen lassen, bis sich die Menge verdoppelt hat.

4 Den Teig nochmals durchkneten, golfballgroße Kugeln formen, abdecken und erneut ca. 10 Min. ruhen lassen. Die Kugeln mit Mehl bestäuben und dünn ausrollen. In einer heißen antihaftbeschichteten Pfanne ohne Zugabe von Öl auf beiden Seiten knusprig backen.

5 Koriandergrün abbrausen und trocken schütteln. Das fertige Curry in vorgewärmten tiefen Tellern anrichten, mit grob gehacktem Koriandergrün bestreuen und mit dem Sesamöl beträufeln. Nach Belieben kann Basmatireis oder Naan-Brot als Beilage gereicht werden.

Dubai, Vereinigte Arabische
Emirate

Nashab al Tamar

Gebackene Nussröllchen mit Datteln und Ricotta

FÜR 4 PERSONEN

5 Yufka-Teigblätter (aus dem türkischen Spezialitätenladen)
50 g Datteln
25 g geröstete Haselnusskerne
150 g Ricotta
25 g Puderzucker (und etwas zum Bestäuben)
½ TL Haselnussaroma
Öl zum Frittieren

1 Die Yufka-Teigblätter der Länge nach in der Mitte durchschneiden, sodass 10 spitze Dreiecke in Form von Schultüten entstehen. Jedes Teigblatt mit den Fingern etwas befeuchten (das hält den Teig besser zusammen).

2 Datteln und Haselnüsse grob zerhacken. Ricotta mit dem Puderzucker, den Haselnüssen, dem Nussaroma und den Datteln gut vermischen. Ein walnussgroßes Häufchen der Masse an die breiteste Stelle eines jeden Teigdreiecks setzen und den Teig von der Breitseite nach oben zur Spitze hin fest aufrollen. Spitze mit feuchten Fingern noch mal gut andrücken.

3 Reichlich Öl in einer Pfanne erhitzen und die Nussröllchen ca. 7–8 Min. goldbraun frittieren, dabei mehrmals wenden.

4 Die Röllchen nach dem Frittieren auf einem Küchenpapier kurz abtropfen lassen und vor dem Servieren mit etwas Puderzucker bestäuben.

Auf diesem Reiseabschnitt durch die arabische Welt ist die Sängerin Joana Zimmer als Gast an Bord. Sie ist von Geburt an blind, was für uns, die wir fürs Fernsehen vornehmlich in Bildern planen, ein ziemliches Umdenken bedeutet. Als wir sie mit einem Kamerateam in Muscat auf den orientalischen Basar begleiten, ist es für sie selbstverständlich, diesen Ort ganz anders als wir wahrzunehmen. Wo unser erster Eindruck die knallbunten, leuchtenden Farben der Tuchgeschäfte sind, erspürt sie den Basar über ihren Tastsinn, ihr Gehör und die Nase. Viel intensiver, weil ausgeprägter, nimmt sie die fremden Düfte der Gewürze auf, ebenso den vielstimmigen Kanon und Singsang der Verkäufer. Und weil sie es nicht anders kennt, vermisst sie auch nichts. Es fällt nicht leicht, das als »Sehende« nachvollziehen zu können. Doch für unser Kamerateam ist es eine anregende Erfahrung, die Welt auch einmal mit »anderen« Augen zu erkunden.

Machbous
Lammragout mit Reis

FÜR 4 PERSONEN

2 Zwiebeln
4 EL Pflanzenöl
1,2 kg Lammkeule, ohne Knochen
1 EL Baharat (Gewürzmischung)
1 EL Kurkuma, gemahlen
(Gelbwurzpulver)
1,5 l Gemüsebrühe
3 Nelken
2 Zimtstangen
4 Kardamomsamen
3 TL Salz
½ Bio-Zitrone
4 Tomaten

500 g Basmatireis
1 l Wasser
Salz

½ Bund Petersilie
½ Bund Koriander
4 Tomaten
½ Gurke

1   Zwiebeln schälen, fein hacken und in einem Topf mit Pflanzenöl leicht anschwitzen. Die Lammkeule abtupfen, in ca. 2 cm große Stücke schneiden. Bevor die Zwiebeln zu bräunen beginnen, das Lamm, Baharat und Kurkuma dazugeben und kurz mitrösten.

2   Mit Gemüsebrühe ablöschen und alle Gewürze und die halbe Zitrone dazugeben. Bei mittlerer Hitze zugedeckt schmoren, bis das Fleisch gar ist.

3   Die Tomaten einritzen und kurz mit kochendem Wasser überbrühen, bis sich die Haut abziehen lässt. Das Kerngehäuse entfernen, das Fruchtfleisch in kleine Stücke schneiden und in das fertige Ragout geben.

4   Den Reis in ein Sieb geben und unter kaltem Wasser gut abwaschen. Den Reis in leicht gesalzenem Wasser kalt aufstellen, einmal aufkochen und dann ca. 20 Min. zugedeckt köcheln lassen. Vor dem Servieren ca. 5 Min. ausdampfen lassen.

5   Den gekochten Reis ringförmig auf vorgewärmte Teller verteilen und das Ragout in die Mitte geben. Petersilie und Koriander abbrausen, trocken schütteln, grob hacken und über das Gericht streuen.

6   Als erfrischende Beilage empfehlen sich leicht gesalzene Gurken- und Tomatenscheiben.

Dubai ist 2011 der letzte Hafen der zweiten Staffel von »Verrückt nach Meer«. Neben tränenreichen Abschieden drehen wir eine Geschichte im Burj Khalifa, dem höchsten Gebäude der Welt. Aber alle Teammitglieder freuen sich, dass es endlich wieder nach Hause geht, wäre da nicht dieser unaussprechliche Vulkan auf Island namens Eyjafjallajökull! Sein Ausbruch legt das gesamte europäische Flugnetz lahm, niemand weiß, wann wieder die ersten Flieger abheben. Also fahren wir tagelang weiter auf MS Albatros durch den Persischen Golf und warten. Nach Ende der Dreharbeiten erleben wir die Kreuzfahrt aus der ungewohnten Perspektive normaler Passagiere. Das bringt uns Erfahrungen, die in die neuen Staffeln von »Verrückt nach Meer« einfließen.

Moutabal
Geröstete Auberginen-Sesam-Creme

FÜR 4 PERSONEN
800 g Auberginen
2 Knoblauchzehen
3 EL Tahini (Sesampaste)
1 TL Kreuzkümmel, gemahlen
2 EL Zitronensaft
2 EL hochwertiges Olivenöl
Salz
schwarzer Pfeffer
1 TL Chiliflocken
1 Frühlingszwiebel

1 Die gewaschenen Auberginen rundum mit einer Gabel einstechen und im vorgeheizten Backofen bei 250 °C garen, bis sie weich sind. Nach dem Auskühlen die Auberginen halbieren und das Fruchtfleisch aus der Schale lösen.

2 Den Knoblauch schälen, grob hacken und zusammen mit dem Auberginenfruchtfleisch, Tahini, Kreuzkümmel, Zitronensaft, Olivenöl, Salz und frisch gemahlenem schwarzem Pfeffer im Mixbecher fein pürieren und anschließend für ca. 2 Std. kalt stellen.

3 Das Moutabal in eine Schüssel füllen, mit Chiliflocken und der fein geschnittenen Frühlingszwiebel bestreuen und zusammen mit Brot nach Wahl servieren. Am besten eignen sich Fladenbrot oder Baguette.

Jordanien ist 2012 eines der Reiseziele von »Verrückt nach Meer«, und wir wollen hier die berühmte Felsenstadt Petra besuchen. Kurz vor unserer Ankunft erreicht MS Albatros die Nachricht, dass US-Präsident Barack Obama im Rahmen einer Nahost-Reise spontan entschieden hat, Petra am selben Tag zu besichtigen. Und so lang ist die Anlage für Touristen gesperrt. Es folgen an Bord unzählige Telefonate, um doch noch den Besuch zu ermöglichen. Die Lösung: Barack Obama verlässt Petra bereits am Mittag, danach ist die Felsenstadt für die Öffentlichkeit wieder zugänglich. Also wird die Abfahrt des Schiffs nach hinten verschoben, und alle Passagiere stehen zusammen mit unserem Kamerateam pünktlich an der Eingangspforte. Wir begleiten hier Kreuzfahrtdirektor Klaus Gruschka und seinen Sohn Maximilian auf einen Vater-Sohn-Ausflug und sind sehr glücklich, dass es doch noch geklappt hat. Und so wandeln wir nicht nur auf jahrtausendealten Pfaden, sondern heute auch auf den frischen Spuren des damaligen US-Präsidenten.

MS Artania in Sharm El Sheikh, Ägypten

Tel Aviv

Suezkanal

Naher Osten

Shourba Ads
Orientalische Linsensuppe

FÜR 4 PERSONEN

250 g rote Linsen
1 Zwiebel
4 TL Olivenöl
800 ml Hühnerbrühe
Salz
schwarzer Pfeffer
1 TL Chiliflocken
1 TL Kreuzkümmel

40 ml Olivenöl
2 Zwiebel
3 Knoblauchzehen

50 g Crème fraîche
1 Zitrone
Petersilie zum Garnieren

1. Die Linsen unter fließendem kaltem Wasser abwaschen. Die Zwiebel schälen, in kleine Würfel schneiden und in einem Topf in Olivenöl goldbraun anrösten. Die Linsen dazugeben, kurz mitrösten und alles mit der Hühnerbrühe auffüllen. Die Linsen weich kochen und mit Salz, Pfeffer, Chiliflocken und Kreuzkümmel würzen. Die Suppe mixen und einkochen, bis sie leicht dickflüssig ist.

2. Für die Zwiebelsauce Ta'leya die Zwiebeln schälen, halbieren und in feine Streifen schneiden. Das Olivenöl erhitzen und die Zwiebeln darin rösten. Den Knoblauch schälen, fein hacken, dazugeben und alles goldbraun rösten.

3. Crème fraîche mit frisch gepresstem Zitronensaft verrühren und vor dem Servieren als Tupfer auf die Suppe geben.

4. Die Suppe in vorgewärmten Tellern servieren. Die Suppe mit Ta'leya, gehackter Petersilie und der Zitronen-Crèmefraîche garnieren. Dazu passt geröstetes Weißbrot sehr gut.

Frühmorgens erreicht die Grand Lady den Suezkanal und wird für die Durchfahrt bis zum Mittelmeer etwa 15 Stunden benötigen. Die Passagiere genießen die Schiffspassage mitten durch die ägyptische Wüste, während einige Besatzungsmitglieder schon sehnlichst dem Abend entgegenfiebern. Dann findet die Crew-Show statt, bei der sie auf der Show-Bühne ihre künstlerischen Talente präsentieren. Tagelang haben wir sie mit der Kamera dabei begleitet, wie sie für ihren großen Auftritt in der Freizeit geübt haben. Auch für die Gäste ist es etwas Besonderes, ihre Kellner, Köche, Reiseleiterinnen und Zimmermädchen bei dieser Gelegenheit in einer völlig anderen Rolle als Sänger, Tänzer oder Feuerschlucker zu erleben. Und für die Crew ist die Show eine willkommene Abwechslung vom oft stressigen Arbeitsalltag, die in der Regel gekrönt wird vom tosenden Applaus der dankbaren Passagiere.

Falafel
Frittierte Kichererbsenbällchen

FÜR 4 PERSONEN

500 g Kichererbsen
2 l kaltes Wasser
½ Bund Petersilie
½ Bund Dill
½ Bund Koriander
6 Knoblauchzehen
1 EL Salz
1 EL schwarzer Pfeffer
1 EL Koriander, gemahlen
1 EL Kreuzkümmel, gemahlen
1 TL Cayennepfeffer
1 EL Backpulver
1 EL Sesamsamen
1 l Pflanzenöl

1 Die Kichererbsen in kaltem Wasser für mindestens 18 Std. einweichen. Die Kichererbsen in ein Sieb geben und anschließend trocken tupfen.

2 Petersilie, Dill und Koriander abbrausen, trocken schütteln und im Mixbecher mittelfein mixen. Anschließend den Knoblauch schälen und mit Salz, frisch gemahlenem schwarzem Pfeffer, Koriander, Kreuzkümmel und Cayennepfeffer dazu geben. Alles zu einer cremigen Masse pürieren und für mindestens 3 Std. kalt stellen.

3 Kurz vor dem Ausbacken das Backpulver und die Sesamsamen dazugeben und gut durchmischen. Aus der fertigen Masse mit einem Esslöffel Nocken abstechen. Das Pflanzenöl in einem Topf auf 180 °C erhitzen und die Nocken darin knusprig ausbacken.

SERVIERVORSCHLAG
Die Falafel noch heiß mit Moutabal (siehe S. 127), Tomaten, Gurken und Rucolasalat servieren.

In Israel drehen wir eine Segway-Tour durch Tel Aviv, einen Familienausflug ans Tote Meer und die Besichtigung von Jerusalem. Doch eines unserer Kamerateams bleibt wie immer an Bord. Das führt bei den Kollegen, die das Los getroffen hat, durchaus zu Unmutsbekundungen. Aber auch ein Großteil der Besatzung ist auf dem Schiff, und deren Arbeit als Gegenwelt zu den Urlaubserlebnissen der Passagiere ist für unsere Serie mindestens genauso spannend zu erzählen. So ist z.B. ein Ballasttank undicht und hat ganze Decks geflutet. Fieberhaft suchen jetzt die Techniker nach dem Leck, und viele andere Crewmitglieder sind mit Putzen beschäftigt. Gleichzeitig muss der Kreuzfahrtdirektor den nächsten Tag neu organisieren, weil wegen schlechten Wetters der geplante Hafen nicht angelaufen werden kann. Die nautische Crew hat nun alle Hände voll zu tun, die neue Route zu berechnen. Also jede Menge spannende Geschichten, die »Verrückt nach Meer« zu dem machen, was es ist: ein intensiver Blick auch hinter die Kulissen einer Kreuzfahrt.

MS Artania in Kotor,
Montenegro

Europa

Torquay

Marseille

Kotor

Istanbul

Lissabon

Lipari

Heraklion

Istanbul

Mücuer

Zucchini-Pfannkuchen mit Knoblauch-Joghurt

FÜR 4 PERSONEN
500 g Zucchini
Salz
½ Bund Petersilie
½ Bund Dill
2 Frühlingszwiebeln
50 g Schafskäse
100 g Mehl
3 Eier
schwarzer Pfeffer
100 ml Olivenöl

3 Knoblauchzehen
250 g Joghurt
Chilisalz
weißer Pfeffer

1 Die Zucchini waschen, grob raspeln, salzen und ca. 30 Min. ziehen lassen. In ein Sieb geben und gut abtropfen lassen.

2 Die Petersilie und den Dill abbrausen, trocken tupfen und fein hacken. Die Frühlingszwiebeln waschen, trocken tupfen, der Länge nach halbieren und fein schneiden. Den Schafskäse in kleine Stücke bröckeln.

3 Das Mehl und die Eier glatt rühren. Die Zucchiniraspeln, Frühlingszwiebeln, Dill, Petersilie und den Schafskäse dazu geben. Mit Salz und frisch gemahlenem schwarzem Pfeffer würzen.

4 In einer Pfanne das Olivenöl erhitzen und aus der Masse ca. 5 cm große Pfannkuchen backen.

5 Für den Knoblauch-Joghurt den Knoblauch pressen und unter den Joghurt rühren. Mit Chilisalz und frisch gemahlenem weißem Pfeffer würzen.

Anlegemanöver sind trotz aller Präzisionsarbeit, die es erfordert, ein Kreuzfahrtschiff »einzuparken«, in der Regel ein Routinejob. Nicht so in Istanbul, wo auf dem Bosporus ein reger Fährbetrieb herrscht. Damit es nicht zur Kollision mit einem der kleineren Schiffe kommt, braucht es die volle Aufmerksamkeit und Konzentration von Kapitän Hansen und seinem Brückenteam. Bei unserer Drehreise 2013 kommen erschwerend eine starke Strömung und heftiger Seitenwind hinzu, weshalb ein PS-starker Schlepper die 231 Meter lange Grand Lady vorsichtig an den Anlegeplatz schieben muss. Unser Kamerateam auf der Brücke erlebt, wie souverän Kapitän Hansen dieses außergewöhnliche Manöver meistert. Als die Grand Lady endlich fest vertäut ist, belohnt er sich mit einem privaten Fahrradausflug gemeinsam mit Schiffsarzt und Kreuzfahrtdirektor durch Istanbul.

Auf der griechischen Insel Kreta besuchen wir mit Costa und Lucas Cordalis ein Weingut, wo die beiden Sänger genüsslich gute Tropfen verkosten und über deren Besonderheiten philosophieren. Vater und Sohn sind in Griechenland als prominente Gäste an Bord und bringen vor der Kamera charmant Land und Leute aus ihrer persönlichen Sicht näher. Auf der Grand Lady hat Küchen-Chef Stefan Schmitz ab mittags nur Augen für die Zubereitung des Abendessens. Das sind allein 700 Vorspeisen, 400 Salate und bis zu 1200 Hauptgerichte! Heute möchte er zu frischem Fisch Polenta reichen. Sein Problem: Für 300 Portionen benötigt er 30 Kilogramm Maisgrieß, die im Schiffslager aber so gut versteckt sind, dass es eine Weile braucht, sie unter Hunderten Lebensmitteln zu finden. Aber auch ohne Polenta würde niemand verhungern. Immerhin gibt es zum Abendessen auch 400 Desserts, 750 Eisbecher, 200 Obst- und 250 Käseteller.

Xifias Marinatos

Pikant marinierter Schwertfisch
mit Schafskäsestreuseln und Fladenbrot

FÜR 4 PERSONEN
200 ml lauwarmes Wasser
10 g Hefe
10 g brauner Zucker
350 g Mehl
1 EL Olivenöl
5 g Salz

800 g Schwertfischsteaks (4 Steaks
à 200 g)
1 Chilischote
½ Bund Petersilie
1 EL Kapern
2 Knoblauchzehen
8 EL Olivenöl
2 EL Zitronensaft
1 TL Meersalz
1 TL schwarzer Pfeffer
20 Zwergtomaten
100 g schwarze Oliven
2 Zucchini
2 Zwiebeln
1 Stängel Thymian
1 Zweig Rosmarin
200 g Schafskäse (Feta)
2 Zitronen

1 Für das Fladenbrot lauwarmes Wasser, Hefe und braunen Zucker vorsichtig verrühren, mit etwas Mehl bestreuen und zugedeckt ruhen lassen, bis sich die Menge verdoppelt hat. Mehl, Olivenöl und Salz dazugeben und vorsichtig zu einem glatten Teig kneten und zugedeckt ca. 1 Std. ruhen lassen. Aus dem Teig kleine Bällchen drehen und mit dem Nudelholz ca. 0,5 cm dick ausrollen. In einer heißen Pfanne ohne Öl auf beiden Seiten knusprig braten, kurz auskühlen lassen.

2 Die Schwertfischsteaks mit kaltem Wasser abwaschen und trocken tupfen.

3 Chilischote waschen, Petersilie abbrausen, Knoblauch schälen, alles, ebenso wie die Kapern, fein hacken und zusammen mit dem Olivenöl und dem Zitronensaft verrühren. Mit Meersalz und grob gemahlenem schwarzem Pfeffer würzen.

4 Die Steaks in die Marinade legen und ca. 1 Std. ziehen lassen. Zwergtomaten und Oliven halbieren. Zucchini waschen, entkernen und in kleine Ecken schneiden. Die Zwiebeln schälen und in kleine Spalten schneiden.

5 Die Steaks aus der Marinade nehmen und in einer heißen Pfanne mit Olivenöl auf beiden Seiten nicht länger als 1 Min. scharf anbraten und anschließend beiseitestellen.

6 In derselben Pfanne die Zwergtomaten, Oliven, Zucchini, Zwiebelspalten scharf anbraten. Thymian und Rosmarin abbrausen und trocken schütteln, zum Würzen mit der restlichen Marinade in die Pfanne geben. Die Steaks auf das Gemüse legen und mit dem zerbröckelten Schafskäse bestreuen. Im vorgeheiztem Backofen bei 190 °C ca. 5 Min. backen.

7 Auf vorgewärmten Tellern zusammen mit dem Fladenbrot und einer halben Zitrone anrichten.

Cevapcici
Würzige Hackfleischröllchen mit Backkartoffeln

FÜR 4 PERSONEN

1 Zwiebel
4 Knoblauchzehen
1 Bund Petersilie
300 g Rinderhackfleisch
100 g Schweinehackfleisch
100 g Lammhackfleisch
1 TL edelsüßes Paprikapulver
1 TL Salz
1 TL schwarzer Pfeffer
2 EL Olivenöl

400 g kleine Kartoffeln
1 EL Meersalz
1 EL schwarzer Pfeffer, grob gemahlen
1 TL Rosmarin, getrocknet
1 TL Thymian, getrocknet
50 ml Olivenöl

1 Für das Cevapcici die Zwiebel schälen und in sehr feine Würfel schneiden, die Knoblauchzehen schälen und durchpressen, die Petersilie abbrausen, trocken schütteln und fein hacken.

2 Hackfleischsorten vermischen, Zwiebeln, Knoblauch und Petersilie dazugeben. Mit Paprikapulver, Salz und frisch gemahlenem schwarzem Pfeffer würzen und gut durchkneten. Die Masse mindestens 1 Std. im Kühlschrank ruhen lassen.

3 Aus der Masse 2 cm dicke und 7 cm lange Röllchen formen. Die Röllchen mit Olivenöl bestreichen und in einer Pfanne braten, bis die Röllchen gar sind.

4 Die Kartoffeln mit der Schale sehr gut waschen, halbieren und in eine Schüssel geben. Alle anderen Zutaten dazugeben und gut durchmischen. Auf einem Backblech verteilen und im vorgeheizten Backofen bei 200 °C backen.

SERVIERVORSCHLAG
Als erfrischende Beilage passt perfekt Pico de Gallo (siehe S. 65)!

Inzwischen haben wir mit »Verrückt nach Meer« mehrfach die Welt umrundet und dabei die exotischsten Orte besucht. Doch eines der Highlights liegt mitten in Europa: Kotor in Montenegro. Als wir 2013 mit der Grand Lady zum ersten Mal hierherkommen, sind alle Teammitglieder von der Schönheit dieser malerischen Landschaft überwältigt. Auch für Kapitän Hansen ist die Passage durch die fjordähnliche Bucht eine Premiere, die den Norweger unweigerlich an zu Hause denken lässt. Schließlich machen wir im Naturhafen der Stadt Kotor fest. Wir begleiten Morten Hansen und seinen ortsansässigen 1. Offizier auf eine Wanderung zur Bergkirche Sveti Ivan. Der Aufstieg ist anstrengend, vor allem für den Kameramann mit seinem schweren Arbeitsgerät. Am Ziel werden alle mit einem grandiosen Panoramablick über die Bucht belohnt. Nicht nur der Kapitän ist sich sicher: Hierher möchte er unbedingt noch einmal privat kommen.

Pasta alla Siciliana
Spaghetti mit Tomaten, Auberginen, Oliven und Kapern

FÜR 4 PERSONEN
1 Zwiebel
2 Knoblauchzehen
1 EL Kapern
4 Sardellenfilets
1 Aubergine mittlerer Größe
50 g grüne und schwarze
Oliven, entsteint
4 Tomaten
40 ml hochwertiges Olivenöl
500 g Flaschentomaten
Salz
schwarzer Pfeffer
600 g Spaghetti
4 EL Parmesan, gerieben
8 Basilikumblätter

1 Zwiebel und Knoblauch schälen, anschließend ebenso wie die Kapern und Sardellen fein hacken. Aubergine waschen und in 1 cm große Würfel, Oliven in Ringe schneiden.

2 Die Tomaten einritzen, kurz mit kochendem Salzwasser überbrühen, bis sich die Haut abziehen lässt. Das Kerngehäuse entfernen und das Fruchtfleisch in kleine Stücke schneiden.

3 Das Olivenöl in einer Pfanne erhitzen und Zwiebeln, Knoblauch und die Auberginenwürfel darin anbraten, bis sie weich sind.

4 Die Flaschentomaten dazugeben und ca. 20 Min. köcheln lassen. Die Kapern und Sardellen dazugeben und weiter köcheln lassen, bis die Sauce leicht eingedickt ist. Mit Salz und frisch gemahlenem schwarzem Pfeffer würzen und die Tomatenstückchen dazugeben.

5 Die Spaghetti in Salzwasser al dente kochen und gut abtropfen lassen. Die fertige Sauce über die Spaghetti geben und durchmischen. Mit geriebenem Parmesan bestreuen und mit frischem Basilikum garnieren.

Auf Lipari nimmt Küchen-Chef Stefan Schmitz seine Praktikanten Jannicke und Andreas mit zu einem kulinarischen Exkurs ins Restaurant von Lucio Bernad. Dort wird die Pasta noch nach alter Familientradition herstellt. Dazu gehört neben Grießmehl und Eiern vor allem Regenwasser, weil es einen geringeren Härtegrad als Leitungswasser hat. Es sind aber die Zutaten für die Sauce, die selbst Stefan Schmitz das Wasser im Mund zusammenlaufen lassen: Neben Tomaten, Basilikum, Minze und Knoblauch verwendet Lucio dafür Kapern, Mandeln und Pinienkerne, die er mit Parmesan und Olivenöl zu einem cremigen Pesto erhitzt. Die Nudeln kommen kurz ins kochende Salzwasser, und fertig ist Lucios Pasta! Den Köchen von der Grand Lady schmeckt's, und Stefan Schmitz überlegt, ob er ein solches Gericht nicht auch mal an Bord servieren soll. Dann aber gleich 1000 Portionen …

Bouillabaisse

Fischsuppe mit Sauce Rouille und Knusperbrot

FÜR 4 PERSONEN

200 g Lachsfilet, ohne Haut und Gräten
200 g Kabeljaufilet, ohne Haut und Gräten
200 g Wolfsbarschfilet, ohne Haut und Gräten
16 Garnelen der Größe 16–20
200 g Miesmuscheln, gegart
Salz / weißer Pfeffer
1 Zitrone

50 g Karotten
50 g Petersilienwurzel
50 g Lauch / 50 g Knollensellerie

1 Zwiebel / 1 Knoblauchzehe
3 EL Olivenöl
100 ml Weißwein
5 cl Pernod
0,2 g Safranfäden
1 TL Kräuter der Provence
1,5 l Kalbsbrühe
Salz / weißer Pfeffer

200 g Mayonnaise
200 g Crème fraîche
1 Zitrone / 1 Chilischote
2 Knoblauchzehen
0,2 g Safranfäden
20 ml Weißwein
Salz / weißer Pfeffer

1 Baguette
150 ml Olivenöl

2 EL Petersilie

1 Für die Bouillabaisse die Fischfilets in mundgerechte Stücke schneiden. Die Garnelen schälen, am Rücken einschneiden und den Darm entfernen. Von den Miesmuscheln den Bart entfernen. Alles mit kaltem Wasser vorsichtig abwaschen und trocken tupfen. Den Fisch und die Garnelen mit Salz, frisch gemahlenem weißem Pfeffer und Zitronensaft würzen.

2 Das Gemüse waschen, in Juliennes (feine Streifen) schneiden, in Salzwasser weich kochen und mit kaltem Wasser abschrecken.

3 Zwiebel schälen, fein hacken und mit dem durchgepressten Knoblauch in Olivenöl anschwitzen. Mit Weißwein und Pernod ablöschen, den Safran und die Kräuter der Provence dazugeben und einige Min. köcheln lassen. Mit der Kalbsbrühe auffüllen und mit Salz und frisch gemahlenem weißem Pfeffer würzen.

4 Den Fisch und die Garnelen vorsichtig in die Brühe geben und bei 70 °C ziehen lassen, bis der Fisch und die Garnelen gar, aber noch leicht glasig sind. Zum Schluss die Miesmuscheln und Gemüsestreifen dazugeben und ca. 5 Min. weiter ziehen lassen.

5 Für die Sauce Rouille Mayonnaise, Crème fraîche, Zitronensaft, gehackte Chilischote und durchgepressten Knoblauch glatt rühren. Safranfäden in Weißwein einweichen und dazugeben. Mit Salz und frisch gemahlenem weißem Pfeffer abschmecken.

6 Für das Knusperbrot das Baguette in schräge dünne Scheiben schneiden. Olivenöl in einer Pfanne erhitzen und das geschnittene Brot darin goldgelb ausbacken. Auf ein Küchenpapier legen und auskühlen lassen.

7 Die Suppe in vorgewärmten tiefen Tellern anrichten und mit der gehackten Petersilie bestreuen. Die Sauce und das Knusperbrot extra dazureichen.

Die französische Hafenstadt ist Ausgangspunkt für die fünfte Staffel von »Verrückt nach Meer«. Bevor am Abend die Leinen der Grand Lady gelöst werden, begleiten wir Kapitän Hansen und Kreuzfahrtdirektor Gleiß zum Restaurant »Le Miramar« in die Altstadt. Für Thomas Gleiß wird es die erste Reise auf der Grand Lady sein, und wir freuen uns, die beiden Freunde als eingespieltes Team wieder vor der Kamera zu haben. Es gibt viel zu besprechen, und das macht man in Marseille am besten bei einer original Bouillabaisse! Die beiden lassen sich vom Kellner die üppige Zutatenplatte präsentieren, bevor das Potpourri aus sieben Speisefischen in der Küche zubereitet wird. Die fertige Bouillabaisse übertrifft dann alle Erwartungen.

Frango Piri-Piri
Scharfe Hähnchenkeulen mit gebratenen Kartoffeln

FÜR 4 PERSONEN

4 Hähnchenkeulen
Salz
weißer Pfeffer

4 Chilischoten
60 ml Olivenöl
2 Knoblauchzehen
1 EL edelsüßes Paprikapulver
½ TL Rosmarin, getrocknet
½ TL Thymian, getrocknet

800 g Kartoffeln
1 TL Meersalz
1 TL schwarzer Pfeffer

100 ml Hühnerbrühe
30 g Butterflocken

1 Die Hähnchenkeulen waschen, trocken tupfen und mit Salz und frisch gemahlenem weißem Pfeffer würzen. Die Chilischoten waschen, fein hacken, mit Olivenöl, dem durchgepressten Knoblauch, Paprikapulver, Rosmarin und Thymian verrühren und die Hähnchenkeulen damit bestreichen.

2 Die Kartoffeln schälen, waschen und in Spalten schneiden. Mit Salz und frisch gemahlenem schwarzem Pfeffer würzen.

3 Die Hähnchenkeulen zusammen mit den Kartoffelspalten in eine Pfanne legen und beides im vorgeheiztem Backofen bei 180 °C (Umluft) 30–35 Min. braten. Dabei das Hähnchen öfter mit dem Würzöl bestreichen.

4 Die Keulen und Kartoffeln aus der Pfanne nehmen und den Bratenrückstand mit der Hühnerbrühe ablöschen, aufkochen und die kalten Butterflocken einrühren. Vor dem Servieren durch ein feines Sieb geben.

5 Die Hähnchenkeulen zusammen mit der Sauce und den Kartoffeln auf einem vorgewärmten Tellern anrichten. Sehr gut dazu passen das Pico de Gallo (siehe S. 65) und ein Stück Weißbrot für die Sauce.

Oft ist Lissabon nach langer Reise der erste europäische Hafen auf dem Weg zurück nach Deutschland. Für alle Reiseleiterteams war es Tradition, in Lissabon das Restaurant »Rei do franco«, den »König der Hähnchen«, zu besuchen, von dem uns schon Tage zuvor Kreuzfahrtdirektor Thomas Gleiß in höchsten Tönen vorschwärmt. Als wir uns mit ihm auf den Weg dorthin machen, haben wir die Vorstellung von einem besonders schicken oder originellen Restaurant. Weit gefehlt! Mitten im Stadtzentrum befindet sich die schmucklose Kneipe mit Plastikstühlen vor der Tür, wie sie vor fast jeder Touri-Bude stehen. Kaum vorstellbar, wieso unser kulinarisch verwöhnter Kreuzfahrtdirektor dieses Lokal in den siebten Himmel lobt. Aber als die Hähnchen serviert werden, sind alle Zweifel weggewischt. Goldbraun und knusprig die Haut, zart und saftig das Fleisch – ein Hochgenuss!

Fish & Chips

Backfisch mit Pommes frites und Malzessig-Dip

FÜR 4 PERSONEN

800 g Schellfischfilets
Salz
weißer Pfeffer
1 Zitrone

200 g Mehl
250 ml dunkles Bier
2 Eier
½ TL Salz
½ TL Muskatnuss, gerieben
½ TL weißer Pfeffer
2 l Pflanzenöl

800 g Pommes frites (TK-Theke)

250 g Mayonnaise
200 g Sauerrahm
4 EL Malzessig
2 EL Petersilie
Salz / weißer Pfeffer

1   Für den Backfisch die Schellfischfilets abwaschen, trocken tupfen und mit Salz, frisch gemahlenem weißem Pfeffer und Zitronensaft marinieren.

2   Das Mehl in eine Schüssel sieben und mit Bier, Eigelben, Salz, Muskatnuss und Pfeffer zu einem glatten Teig verrühren. Das Eiweiß steif schlagen und vorsichtig unter die Masse heben.

3   Das Pflanzenöl in einem hohen Topf auf 180 °C erhitzen. Die Fischfilets trocken tupfen, in Mehl wenden, durch den Teig ziehen und knusprig goldgelb backen.

4   Das Pflanzenöl, in dem der Fisch gebacken wurde, durch ein Sieb geben und wieder in einem hohen Topf auf 180 °C erhitzen. Die noch gefrorenen Pommes frites darin goldgelb frittieren. Aus dem Öl nehmen, kurz abtropfen lassen und mit Salz würzen.

5   Für den Malzessig-Dip die Mayonnaise, den Sauerrahm, den Malzessig und die gehackte Petersilie zusammen in eine Schüssel geben und glatt rühren. Mit Salz und frisch gemahlenem weißem Pfeffer nach Belieben würzen.

Die Grand Lady ankert vor dem englischen Badeort Torquay, der auch als Geburtsort von Agatha Christie bekannt ist. Die beiden Krimifans Manuela und Jörn aus dem Reiseleiterteam begeben sich mit einem Kamerateam neugierig auf Spurensuche und erfahren dabei interessante Geschichten über die weltberühmte Kriminalautorin, deren Bücher sich bis heute über zwei Milliarden Mal verkauft haben! Im Grand Hotel endet die Erkundungstour der beiden Spürnasen vor der Suite, in der Agatha Christie 1914 ihre Hochzeitsnacht verbracht hat. Bevor es zurück aufs Schiff geht, gönnen sich Manuela und Jörn ihren ersten traditionellen »High Tea« und sind positiv überrascht, als neben einer guten Tasse Tee auch eine große Etagere mit süßem Gebäck und verschiedenen Sandwiches gereicht wird – eine kalorienreiche Sünde, die umso besser mundet, als sich die beiden vorstellen, wie genau hier vor über 100 Jahren auch Agatha Christie gesessen haben mag.

AN BORD
GALA-ABENDESSEN

Für viele Kreuzfahrtpassagiere sind Seetage das Allergrößte! Hier können sie sich auf den Außendecks sonnen oder nur stundenlang aufs offene Meer blicken. Endlich ist Zeit für ein gutes Buch und die Gelegenheit, einfach mal die Seele baumeln zu lassen. Für die Crew hingegen bedeuten Seetage, sich von morgens bis nachts um das Wohl ihrer Gäste zu kümmern. Besonders in der Küche ist man bemüht, die Passagiere mit gutem Essen zu verwöhnen. Daher findet nicht selten an Seetagen das Gala-Abendessen statt – der kulinarische Höhepunkt einer jeden Kreuzfahrt. In der Küche begleiten wir mit den Kameras vom frühen Morgen an die Vorbereitungen. Wie ein eingespieltes Uhrwerk verzahnen sich die verschiedenen Abteilungen, und egal, ob Suppenstation, Patisserie oder kalte Küche, alle 90 Köche arbeiten unter Hochdruck, damit das Gala-Essen den Ansprüchen der Gäste gerecht wird.

In diesem geordneten Chaos mit der Kamera zu agieren, ohne ständig einem der Köche auf dem Fuß oder im Weg zu stehen, ist für unsere Teams keine leichte Übung. Hinzu kommt das richtige Timing, wann man den Köchen eine Frage stellen darf, ohne sie gerade zu stören. Das gilt vor allem für Küchen-Chef Fritz Pichler! Der Österreicher ist eine gestandene Autorität und dirigiert mit großer Souveränität sein Küchenballett. Doch das Gala-Abendessen bringt selbst ihn noch ins Schwitzen, weshalb er uns nicht immer Rede und Antwort stehen kann. Er weiß, an diesem Menü werden er und seine Kollegen letztendlich gemessen. Dazu gehört natürlich auch Roberta Rogošić, die als Chefin der Patisserie verantwortlich ist für die Desserts und somit für den hoffentlich krönenden Abschluss des Gala-Menüs. Trotzdem geht dabei auch immer mal was schief! Sei es eine verbrannte Tarte oder ein durchgegarter Fisch – dann wird schnell improvisiert oder einfach von vorn begonnen, Hauptsache, die einzelnen Gänge werden rechtzeitig fertig und von den Kellnern »auf den Punkt« in den Restaurants serviert. Und solche Geschichten sind auch für »Verrückt nach Meer« das Salz in der Suppe.

Pistazientörtchen

mit Wodkafeige

~~~~~~~~~~~

FÜR 4 PERSONEN

½ l Wodka
8 kleine reife, feste Feigen

etwas Butter und Mehl für
die Formen
100 g Pistazien, ungesalzen
50 g Zucker
2 kleine Eier
135 g Butter
25 g Mehl
35 g Kuvertüre

1 Die Feigen in ein Einmachglas legen und mit dem Wodka auffüllen, verschließen und 5–6 Tage ruhen lassen.

2 Backofen auf 180 °C (Ober-/Unterhitze) vorheizen. Vier kleine
Kuchenförmchen buttern und mehlen.

3 Pistazien ohne Schalen mit 25 g Zucker mahlen. Die Eier
mit dem restlichen Zucker schaumig schlagen. 100 g Butter
schmelzen, die Pistazienmasse, Eiermasse und das Mehl hinzu-
fügen. Kuvertüre und restliche Butter im Wasserbad schmelzen.

4 Drei Viertel der Pistazienmasse in die Förmchen füllen. Eine
Mulde bilden und mit einem Teelöffel die Schokolade einfließen lassen. Die restliche Pistazienmasse darüber verteilen und im
vogeheizten Backofen ca. 10 Min. backen.

5 Nach dem Backen die Pistazientörtchen kurz auskühlen lassen und gestürzt auf einen Teller anrichten. Die eingelegten
Feigen aus dem Glas nehmen, in Viertel schneiden und an das
Pistazientörtchen legen. Vor dem Servieren noch etwas mit Wodka
begießen.

Blue~Mountain~Kaffee~Gratin

mit Aprikosen

~~~~~~~~~

FÜR 4 PERSONEN

25 g Butter
25 g Zucker
100 ml Blue Mountain Kaffeelikör
2 Eigelb
250 g Mascarpone
40 g Hartweizengrieß
½ TL Backpulver

2 Eiweiß
25 g Zucker
1 Prise Salz

300 g Aprikosen
etwas Puderzucker zum
Bestreuen

1 Den Backofen auf 180 °C (Ober-/Unterhitze) vorheizen. Weiche Butter, Zucker und Blue Mountain Kaffeelikör 5 Min. cremig rühren. Die Eigelbe nacheinander gut unterrühren. Mascarpone, Hartweizengrieß und das Backpulver unterheben.

2 Eiweiße, Salz und Zucker 3 Min. steif schlagen und unter die Mascarponemasse heben.

3 Die Aprikosen waschen und trocken tupfen, in Würfel schneiden, in vier gefettete kleine Auflaufformen legen und die Masse darauf verteilen. Im vorgeheizten Ofen ca. 30 Min. backen. Vor dem Servieren mit etwas Puderzucker bestreuen.

Mini-Kirsch-Pie

~~~~~~~~~~~~~~

FÜR 4 PERSONEN
75 g Butter
75 g Rohrzucker
1 Ei
200 g Mehl
25 g Mandeln, gemahlen

300 g Kirschen
1 EL Mehl
35 g Rohrzucker
1 TL Zitronensaft

1 EL Milch zum Bestreichen
1 EL Zucker zum Bestreuen

1   Weiche Butter, Zucker, Ei, Mehl und Mandeln zu einem Teig kneten, diesen zu einer Kugel formen, in Frischhaltefolie einwickeln und etwas flach drücken. 2 Std. in den Kühlschrank legen.

2   Den Backofen auf 180 °C (Umluft) vorheizen. Zwei Drittel des Teigs auf der Arbeitsfläche mit etwas Mehl ausrollen und die Mini-Pie-Förmchen damit auslegen. Den Teig gut andrücken und den überstehenden Rand abschneiden.

3   Die gewaschenen und entkernten Kirschen mit Mehl, Zucker und dem Zitronensaft gut vermischen. Anschließend die Masse gleichmäßig auf die vier Förmchen verteilen. Nun den restlichen Teig auf die Größe der Förmchen ausrollen, mit etwas Milch bepinseln und auf die Form legen. Mithilfe der Fingerspitzen den Rand zusammendrücken und die überstehenden Reste entfernen.

4   Die Teigdecke zur Mitte hin mehrmals mit einem spitzen Messer einschneiden, damit der heiße Dampf beim Backen entweichen kann. Die Oberfläche mit Milch bepinseln, mit etwas Zucker bestreuen und die Mini-Pies ca. 35 Min. goldbraun backen.

Schokoladen-Macadamia-Tarte

FÜR 4 PERSONEN

200 g Weizenmehl
40 g Zucker
1 Prise Salz
1 Eigelb
150 g Butter

250 g Zartbitter-Kuvertüre
200 g Sahne
5 cl Baileys
80 g Macadamianüsse

1 Den Backofen auf 180 °C (Ober-/Unterhitze) vorheizen. Eine Springform (17 cm Ø) einfetten.

2 Mehl, Zucker, Salz, Eigelb und Butter in einer Rührschüssel mit einem Mixer (Knethaken) zunächst kurz auf niedrigster, dann auf höchster Stufe zu einem Teig verarbeiten. Die Hälfte des Teigs auf dem Springformboden ausrollen. Den übrigen Teig zu einer Rolle formen und als Rand auf den Boden legen und so an die Form drücken, dass ein ca. 3 cm hoher Rand entsteht. Die Form in den vorgeheizten Backofen stellen und ca. 10 Min. backen. Nach dem Backen gut auskühlen lassen.

3 Für den Belag die Sahne in einem Topf einmal kurz aufkochen. Den Topf vom Herd nehmen und die fein gehackte Kuvertüre mit dem Baileys in die Sahne geben und glatt rühren, bis keine Kuvertürestücke mehr zu erkennen sind. Die Schokoladenmasse 5 Min. abkühlen lassen, dann auf den gebackenen Boden geben und etwas glatt streichen. Zum Schluss die ganzen Macadamianüsse darauf verteilen und für 24 Std. kalt stellen. Nach dem Kaltstellen die Tarte aus der Form lösen und in beliebig große Stücke schneiden.

Epilog

B evor unsere Drehreise in Hamburg endet, fand am Abend zuvor das Gala-Abendessen statt, mit dem die Küchenmannschaft zum Abschluss der Kreuzfahrt noch einmal ein kulinarisches Glanzlicht gesetzt hat. Doch neben der Qualität des Essens beeindrucken auch die Mengen, die während dieser Weltreise in der Schiffsküche verbraucht wurden: etwa 50 000 Eier, 10 000 Kartoffeln, 2 000 Liter Eiscreme und 15 000 Kilogramm Fleisch! Und weil Passagiere nicht nur hungrig, sondern auch durstig sind, wurden 25 000 Liter Hauswein und über 10 000 Liter Bier ausgeschenkt. Auch unsere Arbeit lässt sich in Zahlen fassen: Wenn wir in Hamburg von Bord gehen, haben wir auf dieser Drehreise über 700 Stunden Material produziert, aus dem wir in den nächsten Monaten die 40 neuen Folgen fertigen. Also sehr viel Arbeit für uns, daraus die besten Szenen herauszufiltern, damit die vierte Staffel von »Verrückt nach Meer« spannend, kurzweilig und unterhaltsam wird.

Doch zuvor drehen wir in der Elbmetropole, wo mit Hunderten Schiffen und einer großen Kirmes das Hamburger Hafenfest gefeiert wird, noch unsere letzten Geschichten. Dafür besuchen wir ein Segelschiff, fahren Riesenrad, begleiten den Kapitän ins Schifffahrtsmuseum und Passagiere ins Miniaturland. Höhepunkt und Abschluss ist dann am Abend das große Feuerwerk über dem Hafen. Dabei verabschieden wir uns auch von Kapitän Jens Thorn und Kreuzfahrtdirektor Klaus Gruschka und bedanken uns für ihre Unterstützung während unserer Produktion. Trotz ihrer aufrichtigen Herzlichkeit ist den beiden Seebären anzumerken, dass sie froh sind, wenn wir endlich von Bord gehen. Aber … Wir mögen noch so nett sein, aber endlich wieder ohne ein Kamerateam im Nacken ihren Job ausüben zu dürfen ist für sie und alle anderen Crewmitglieder auch eine echte Erleichterung. Wir dagegen freuen uns schon auf die nächste Reise, während der die nächsten Staffeln gedreht werden.

Register

Orts- und Sachregister

Impressum

CALLWEY
SEIT 1884

© 2018 Verlag Georg D.W. Callwey GmbH & Co. KG
Streitfeldstraße 35, 81673 München
buch@callwey.de
Tel.: +49 89 436 00 50
www.callwey.de

Wir sehen uns auf Instagram: www.instagram.com/callwey

ISBN 978-3-7667-2323-9
1. Auflage 2018

Der Autor

Stephan Rebelein gründete 1993 zusammen mit Frank Jansen die *Bewegte Zeiten Filmproduktion GmbH*. Seitdem hat er für das öffentlich-rechtliche Fernsehen zahlreiche Reportage- und Doku-Formate entwickelt und produziert. Seit 2009 ist er als Produzent für die ARD-Doku-Serie »Verrückt nach Meer« verantwortlich, deren Drehreisen er von Anfang an begleitet und dabei intime Einblicke in die Welt der Kreuzfahrt bekommen hat.

Die Köche

Der Oberösterreicher Friedrich Pichler ist Koch mit Leib und Seele. Bereits von 1992 bis 2006 als Sous Chef und Küchenchef auf verschiedenen Kreuzfahrtschiffen tätig, kochte er zwischenzeitlich als Corporate Executive Chef für Donald Trump auf dessen Anwesen in Florida sowie einige Jahre im Restaurant *Rive* in Hamburg. Seit 2012 ist er wieder an Bord und für eine Hochsee-Kreuzfahrtflotte als Corporate Executive Chef zuständig.

Die gelernte Konditorin Roberta Rogošić packte nach 13 Jahren im Frankfurter »Intercontinental«, von denen sie sieben Jahre lang die Pastry als Chefin leitete, 2004 erstmals das Fernweh: Sie wurde Pastry Chef auf der MS Maxim Gorki, 2008 auf der MS Albatros. Seit 2015 ist Roberta als Corporate Pastry Chef für eine Hochsee-Kreuzfahrtflotte tätig.

Der Fotograf

Joerg Lehmann ist einer der renommiertesten Fotografen Deutschlands. 20 Jahre lebte er in Paris, bevor er vor fünf Jahren nach Deutschland zurückkehrte. Joerg Lehmann arbeitete während seiner Karriere mit vielen bekannten Köchen, großen Food-Magazinen und Verlagen in Frankreich, Spanien, Österreich und New York zusammen.

Hinter den Kulissen

Von wegen »Viele Köche verderben den Brei«! Dieses Buch ist so unterhaltsam, vielseitig und inspirierend, vielleicht gerade weil an seiner Entstehung ein verhältnismäßig großes Team beteiligt war: neben einem vielgereisten, kreativen Autor zwei großartige Schiffsköche, die die Rezepte beigesteuert haben, ein fantasievoller Fotograf, ein Reiseanbieter, eine Filmproduktion sowie ein Fernsehsender und einige mehr. Es war ein Vergnügen, sie alle an Bord zu haben. Und nun: Segel setzen und genießen!

Dieses Buch wurde in Callwey-Qualität für Sie hergestellt

Bei der Materialauswahl und den Möglichkeiten der Buch-Veredelung überlässt das Callwey-Team nichts dem Zufall. So berücksichtigen wir die Gestaltung und Bildsprache jedes einzelnen Titels individuell. Denn dieser ganz besondere Inhalt soll nicht einfach nur schön gedruckt werden, die Buchseiten müssen sich auch gut anfühlen. Beim Inhaltspapier dieses Buches haben wir uns für ein Condat matt Perigord 130 g/m² entschieden – ein matt gestrichenes Volumen-Bilderdruckpapier. Dessen Oberfläche gibt unseren Bildern den gewünschten Charakter und bringt die bekannte Callwey-Bildsprache optimal zur Geltung. Die Hardcover-Gestaltung gibt dem Buch zusätzliche Wertigkeit..

Dieses Buch wurde in Deutschland gedruckt und gebunden bei der Firmengruppe APPL, aprinta druck in Wemding.

Viel Freude mit diesem Buch wünschen Ihnen:
Projektleitung: Anne-Sophie Zähringer
Lektorat und Redaktion: bookwise GmbH, München
Rezepte: Friedrich Pichler, Roberta Rogošić
Rezeptfotografie: Joerg Lehmann, Berlin
Herstellung: Franziska Gassner
Umschlaggestaltung, Innenlayout und Satz: Anna Schlecker, München
Umschlagfotos vorn: Kröger, Henning (oben); sarsmis/depositphotos (unten)
Umschlagfotos hinten: Phoenix Reisen (oben); Lehmann, Joerg (Rezeptfotos)

Sonstige Aufnahmen von: Felstermann, Guido: S. 6 (u), 111; Funke, Frank: S. 123; Hattesen, Christian: S. 6 (o), 8, 10 (u), 16, 88 (u), 91 (u), 94, 96, 100, 102, 109, 113, 128, 150 (o), 153 (o); Herrmann, Nikolai: S. 24; Jancso, Julia: S. 38, 48, 53; Köpper, Antonia: S. 7 (u), 37; Kortz, Rüdiger: S. 58; Krainz, John: S. 120; Kröger, Henning: S. 22, 31, 32, 40, 147, 156 (beide); M'haimdat, Farah: S. 7 (o), 34, 74 (u), 78, 150 (u); Mannes, Gerrit: S. 19, 28, 42, 46, 54, 57, 60, 65, 68, 84, 87, 88 (o), 91 (o), 92, 99, 115, 130, 134, 136, 140, 143, 145, 148; Nies, Sibylle: S. 133, 138; Rebelein, Stephan: S. 10 (o), 13, 26, 44, 51, 62, 73, 74 (o), 77, 127, 153 (u); Richards, Lawrence: S. 20; Schmitt, Petra: S. 7 (M), 124; Schwiebert-Draeger, Rainer: S. 66; Stöckle, Deborah: S. 82, 104, 106, 116, 118; Strauß, Philipp: S. 70, 157; Unbekannt (US Fallschirm-Trainer): S. 81
Bildrecherche: Henning Kröger, Bewegte Zeiten Filmproduktion GmbH

© 2009–2017 Eine Produktion der Bewegte Zeiten Filmproduktion GmbH
Lizenz durch TELEPOOL
– Alle Rechte vorbehalten –

CALLWEY
MIT LIEBE UND SORGFALT BEGLEITET VON
SEIT 1884

Nordamerika

Europa

Karibik

Pazifik

Mittelamerika

Afrika

Atlantik

Südsee

Südamerika

San Francisco

Los Angeles

Honolulu,
Hawaii

Acapulco,
Mexiko

Havanna,
Kuba

Puntarenas,
Costa Rica

Jost van
Dyke

Castries,
St. Lucia

Geiran...
Norweg...

Bremerh...
Deutschl...

Torquay,
England

Amsterdam,
Niederlande

La Coruña,
Spanien

Marseill...
Frankre...

Lissabon,
Portugal

Li...
Ita...

Funchal,
Madeira

Casablanca,
Marokko

Las Palmas,
Gran Canaria

Banjul, Gambia

Salvador da Bahia,
Brasilien

Boca do Valeria,
Brasilien

Nuku Hiva,
Südsee

Lima,
Peru

Papeete,
Tahiti

Valparaiso,
Chile

Buenos Aires,
Argentinien